linfuna

诗者的织物

诗歌卷

林馥娜 著

羊城晚报出版社
·广州·

图书在版编目（CIP）数据

诗者的织物 / 林馥娜著. —广州：羊城晚报出版社，2022.12
ISBN 978-7-5543-1098-4

Ⅰ. ①诗… Ⅱ. ①林… Ⅲ. ①诗集－中国－当代 ②诗歌理论－文集 Ⅳ. ①I227 ②I052-53

中国版本图书馆CIP数据核字（2022）第169340号

诗者的织物·诗歌卷

SHIZHE DE ZHIWU·SHIGE JUAN

策划编辑 王晓娜
责任技编 张广生
装帧设计 友间文化
出版发行 羊城晚报出版社
（广州市天河区黄埔大道中309号羊城创意产业园3-13B 邮编：510665）
发行部电话：（020）87133824
出 版 人 吴 江
经　　销 广东新华发行集团股份有限公司
印　　刷 佛山市浩文彩色印刷有限公司
规　　格 889毫米×1194毫米 1/32 印张15.75 字数350千
版　　次 2022年12月第1版 2022年12月第1次印刷
书　　号 ISBN 978-7-5543-1098-4
定　　价 88.00元（全两册）

心灵阅历寻迹

林馥娜

从纯真到成熟，从明净到灰沉的人生历程，这种经历几乎无人能免，区别只在于自身感触的深浅及超越的能力，乃至最终能否回归于真诚的澄明境界。现实世界的经验是生活阅历，阅读所获得的经验是心灵阅历，推己及人，阅读无疑影响着人对生活的态度，也影响着写作的走向，这种影响有即时性的，也有经过长远的沉潜，在某一时空因某事而触发的。

人存在于世的期间及日常活动所反映的是线性的时间生活，而随着人的迁徙及行走随形而至的是区块式的空间生活。从小到大，从乡村到城市，从偏安一方到走遍天南地北，目之所至，田野、河流、道路、山川和各种人造物、各式体验都会构成时空的质感。而藏匿于时空又超越于时空的，是价值生活，即人活着的价值及生存的意义，文学艺术所追寻的正是价值生活的层面。

我从小就很喜欢看书，也许是生性偏爱安静，又有向往远方的流浪冲动——“我需要一个天涯 / 用来放逐自己，用来收藏无法言说的流光”（《我的天涯》）——这种矛盾让我选择了安静地待着，随文字漂泊。其实那时很多书我也不太读得懂，是名副其实的“看书”，但明白读书对人的修养很重要，书卷气是浸染出来的。最早接触外国文学是在少年时代，在20世纪80年代末，我出生地所在的镇上有了一个小小的图书馆，位于镇大剧院的右侧，就是一间潮汕普通民居的大小，而这个小空间却藏着一个大世界，各国的翻译名著取之不竭。这对于原来除了小人书，就只有哥姐的语文课本可暂时解渴的我来说，可说是如鱼得水。维克多·雨果、玛格丽特·杜拉斯、司汤达、亚历山大·仲马、亚历山大·小仲马、玛格丽特·米切尔、夏洛蒂·勃朗特、艾米莉·勃朗特、西奥多·德莱塞、欧·亨利、高木彬光、森村诚一、亨利希·海涅……纷纷进入了我的世界，那时候的阅读是囫囵吞枣式的，并没有什么目的性，我就像海绵一般吸收着这些海外之水。图书馆的阿姨见我读得快，很体贴地准许我每次多借几本，免得来回跑。很多书读过也就忘了，但《乱世佳人》是我印象较深的一部小说，故事情节在岁月的风化中已日渐模糊，但我清晰地记住了女主人翁郝思嘉经常对自己说“不管怎样，明天又是新的一天”。勇敢坚强的郝思嘉，遭遇任何挫折，都能坚韧面对，临危而不怯惧地承担起责任。郝思嘉的这种信念，让我在后来遇到困难的时候也有了借来的无形支柱，在痛苦至极时，我总对自己说："明天再说，会有办法的！"这同时也给我一种脚踏实地做事的心理暗示，使我在走出社会工作的历程中，一直能够以踏实负责的工作实绩取得信任与嘉许。从这一点来说，阅读其实也是一种自我教育，它与家庭教育相辅相成，构成虚实相应的效果。

有一小部分的阅读是写了读后感的，还有一些只写下了书名、作者及一两句摘录或人物名，留下零星的蛛丝马迹，意在给自己一些回溯的提示与线索。读了德莱塞的《嘉莉妹妹》，我写下了这样的读后感："人总是忽略自己所拥有的、珍贵的东西。赫斯渥放弃了所拥有的一切，放弃了自己开创的事业，在盲目地追求嘉莉不自觉地透露出来的媚态中，终于逐步滑向深渊，在该奋起的时候意志薄弱，终至自掘坟墓。而浪荡庸俗的杜洛埃以游戏人生的态度生活，也得不到真情实意，只能在嬉戏空虚中度日。而嘉莉在邪恶与正义的煎熬中，慢慢悟出了人生幸福的意义所在。当然，这也离不开诱导人艾姆斯的促进，书中对其着墨不多，但给人的印象却是深刻的，他是真理与正义的代表，富有智慧和理智。作者在书中不断穿插进富有哲学性的评论和引述，并以细腻的笔触刻画出主人翁们的内心活动。人总有阴暗的一面，不注意克服，便会趋于失败。是的，幸福并不在于钱财、富贵等外在物质，精神上的充实，才是达观人生的支柱。”

在阅读中，我经历着不同的人生与境况，从中获得视野与胸襟的广阔，而词语与句式的表达形式在潜移默化之中也得到了锻炼。与此同时，随着外国小说、诗歌同时阅读的，是一些中国古诗词，它们既是分开的两条线，又相伴而行。日记本里往往前一页是外国文学的佳句、读后感，后一页便是唐诗宋词的摘录，也有一些自己写的稚嫩的古体诗、现代诗掺杂在其间。翻看那时的日记本，感叹自己真是一个杂食动物，来自世界各国各种题材的书籍，共煮一锅，也许因这共煮，会在时间中熬成“佛跳墙”的美味。后来在《世界文学》上读到了更多诗人、作家的作品，可谓百花千树，各炫其妙。丰富的世界，幽微的情绪，都在某个角落存在着，等待诗人、作家的发现。在黛·肖姆珀兰的《体语》中，可以读到生活里的偶然发现，灵与肉的联动性，而我的诗《清明》中所涉及的关于肉体与心灵的互相激发与慰藉，于此得到了共鸣。

年少时的阅读总是很容易代入书中角色，为其落泪为其欢笑。大学时代则有了思辨与审视眼光，里尔克的诗具有一种叙述的牵引力和立体空间感，能令人随着他走进诗境中去，如入实地。读到扬尼斯·里索斯的诗歌，便喜欢上他的知性，情与智在他的诗歌中水乳交融，在我心目中，他就是诗歌界的昆德拉。后来也陆续读了卡夫卡、米兰·昆德拉、加西亚·马尔克斯、乔治·奥威尔、西格蒙德·弗洛伊德、列夫·托尔斯泰、奥西普·曼德尔斯塔姆及俄罗斯白银时代女诗人等众多作品，并偏向阅读更多涉及哲学、美学、理论的，尤其是女性作家、学者的作品，比如西蒙娜·德·波伏娃、西蒙娜·薇依、露·安德烈亚斯·莎乐美等。我最喜欢的理论家是苏珊·桑塔格，欣赏她的感性与智性兼具，读她的书，有一种心智上的满足与认同感。桑塔格有一篇《三十年之后》，谈到她对作家的看法："我对作家的设想是：一个对万事万物都感兴趣的人。"我当时读至此处，还在书的空白边上写了一句："哈！我也是这样想的！"只有融入去体验，逸出而审美，才能更直达事物的本质。婚后的生活在工作、兼职、育儿与考职称，在窘迫、琐碎和责任中转圈，文学在现实面前似乎变得无用，但有时生活上的苦闷也会因为阅读的深入而烟消云散。它能让人看淡世事、看轻困难，守住心灵的本真。

有一段时间，我陷于"人活着为了什么——在时间永无休止的历史长河中，人类常常处于踏入同一条河流的'永劫回归'之中，人的存在究竟有何意义"的自我设问中苦苦思索。就如我在《途经此地》中所写的"有的人因不堪重走已望见尽头的路而止步／有的人因望不见前路而畏惧无垠"，直至认识到，萨特和尼采都从哲学层面上看破了人生的悲剧性，但他们都否定了消极的人生观，认为人的“本质”是自己选择、决定的。这些阅读与终极思考，有助于人们形成不为权钱所劫持的诗性正义，不为庞杂的社会潮流和信息轰炸所煽动及左右而葆有独立性。人是被自己造就的，在不断地选择、行动中，成为自我选择的自己。人类历史固然漫长，但对于个体来说，生命周期却是短暂的，日子在指缝间流逝，无从打捞。《简·爱》中有一句话是：“生命太短促，不能用来记仇蓄恨。”故我选择做一个热爱生活、用心工作、简单处世、善待他人，同时复调写作的自己，在熙熙攘攘的人世间持守着心灵的“瓦尔登湖”。

复调写作既是指题材与主题的多样与广泛，也是指文体的多种切换。无论什么文体，都是精神与价值理念的活动，采用不同的文体，只是某种感觉与思想找到了更适合传达它的形式。如果说诗人作家是万事万物的语言转换仪，那么文体就相当于传感器。外国文学与本国文学在交互印证中构成了我精神线索的两轴，有时它们是平行的，有时相交而成为心灵坐标，外国哲学的求真本质与中国理学的超然境界，使我自觉地把社会现实之例与观念进程之线融贯于写作中，发现当下的价值缺失，并进行建构与传扬。就像《不能承受的生命之轻》中的介入之重与超脱之轻，命运既是偶然的遇合，也是精神史所形成的潜意识的选择。而呈现在作品中的精神线路，便也有迹可寻。“大雪落在人间／落在网络、朋友圈／刺眼的白遮掩了红、黄、蓝／及其勾兑的黑／银妆和素裹以纯洁的面貌／覆盖雪下的黑箱与渴望阳光的幼芽／而十二月党人的舌头／已被十一月的风刃收割／这干净的世界／让我想起曹雪芹的红楼梦／宝玉走在白茫茫的大雪中／身后的贾家在风雪中／演绎腐朽的坍塌”，这是我所写的一首诗——《大雪》，外国文学、本国文学的意象交互共构了这首以节气“大雪”为题的、介入当下的诗歌。缅栀子花在广东常作为夏天泡茶解暑之用。它的花瓣洁白、花心淡黄，宛如少女的纯洁清爽，花语则为坚强与守候，这与纳博科夫的《洛丽塔》少女有某种内在的共同点。把缅桅子、洛丽塔和由洛丽塔演化而来的文化符号萝莉共融于一首诗《洛丽塔——萝莉》中，则使诗歌更为多维与立体，拓展了想象空间。同时，诗中用到的“缃素”也是一种古代供书写用的淡黄绢，运用多种联想、多重空间，同时以语言的精练、抒情性和思想性相糅合，诗便有了张力与意味。

类似的还有阅读《局外人》《1984》等所产生的感触，它们在我的诗歌和散文中也有了启发性的抒写。时代在前进，各种价值取向也像指数图上的抛物线般忽上忽下地变化。作为“70后”的我，成长期正处于社会经济大改革期间，心灵深处既葆有着传统教育的痕迹，又有着随社会开放度相对放松而引发的反传统欲望。生活在上一代和下一代不同价值坐标的夹层中，于是世俗的躯体和唯美的灵魂就像乌鸦和白雪一样形成黑白的对峙，在挣扎与反叛中做着拉锯运动。时代发展所带来的社会分工逐步精细、专业化所带来的危机感，还有电子时代、读图时代的来临，以及快节奏生活所带来的浮躁风气，社会真相的失真等纷至沓来。我试图通过写作从个人角度去阐述一代人的普遍性，发现所处时代的价值缺失，并进行建构性修复。希望由文本载体呈现一代人的某个侧面，从而引发人们对于生命个体的同理心、对生活遭际的感悟和警醒。让心灵的坐标在自己的调适中描画出来的抛物线保持着健康的走势，让价值生活在不断的抗争与修正中趋近理想的蓝天。

不同的文化可以在诗歌中达成一种互文关系，比如我在《织物》中以珀涅罗珀的织物作为意象之一，“独自练习在一条贯穿人生的细线上／行走。而不摇摇晃晃∥我用诗之线编织珀涅罗珀之织物／在解构与重建中接通你来临的时光隧道∥孤独并不使我懊恼／潜于线团中的你不时探出头来∥递给我一些瓦片／让我在茫茫人世打着梦想的水漂∥当我以近于无的水花／打出最远的里程∥出来吧，与我对坐／对着虚空，我说”，这种互文相当于格律诗中的用典，使诗歌呈现出更多维的景深。从昆德拉的《爱德华与上帝》中，可看到存在的偶然性、荒诞性，与受环境左右的不可控性，或者说人性的摇摆。当然从哲学层面来看，也可以说是表达个人主义对既定、单一价值伦理的反抗。因此，我写下了短诗《信仰》：“不是教徒/他为得到姑娘的爱而虔诚//不是左派/他为职业与生存而成为党羽//因为羞愧，他离开她/因为害怕，他靠近耶稣。”同样，《安娜·卡列尼娜》中也有这种信仰认同的危机，小说最后是通过列文对上帝的皈依作结，但这种皈依也不无迷茫之雾的笼罩。在以往对俄罗斯诗人、作家作品的阅读中，我经常能够体会到，介入时代生活的知识分子的情怀与担当精神是俄国诗人的精神传统，他们的诗常有批判与忧患意识贯穿其中，同时又具有辽阔的大地情怀与自然背景。

弗洛伊德的本我与自我论，也使我在诗论的书写中有了借据的阐述基础，并拓展出诗性层面的超我定位。一些在阅读过程中的思想碰撞和思考被我写在笔记本上，或随时记录于书缝中，并最终在诗论中整合体现出来。阅读让我们通过思考不同的文化积淀，将纵向的时代谱系和横向的文明空间进行比较，以此拓宽精神和价值边界。

（原载于《世界文学》2019年第1期）

目录

第一辑 在天地之间自我圆满

第二辑 爱，就是去爱本身

第三辑 大海簇拥起一把带天梯的空椅子

第四辑 一切在到来，又在远去

第五辑 水有跌宕的宏阔，也有推磨的细碎

附录

第一辑 在天地之间自我圆满

心月共明

琴心舒故曲，剑胆赋新诗。
驰骋闻风语，烹茶守素时。
观山养静气，临水发神思。
望月知高古，开怀见皓熙。

跨年

换一本新台历，年便交接于时间之隙
填满备注与印记的日子
有多少铭刻五内，又有多少落入尘埃
时间女神空视如盲

对于日益坚硬的世界与永恒的流逝
我没有应对的武器与穿越之技
惟有一颗越来越柔软的心
尝试着再次学习爱

人世辽阔，天地有大寂寞
如果你没爱过，请奉出你的爱
如果你爱过，请再次尝试
深深地——去爱

水在我身体拍岸

叹息桥上已无人可押
爱之吻战胜了古老的罪行
多少情侣在这里，情定日落桥
忧伤与爱总是如影随形

运河上的夕阳
身边歇落的鸥鸟
无数次穿过窄巷的熟稔
随着维瓦尔第的四季协奏曲漫延而来

威尼斯的水
又在我身体一阵阵拍岸
我是临水房屋伸进水里的码头
你，把我收回去吧

信

那些年我们频繁写信
仿佛日子全都在守信与寄信中

如今邮车稀落，人们言而无信
许多情怀寄丢在路上

只有极速的快递
把物质从东搬到西，由南运至北

而我迷恋于信的期待
把信写成诗，并投进网络的邮筒

当它变成纸上的铅字
便是一种言而有信的回馈

呢喃的燕子
又一次如期飞到春天里

如果写得足够久
我就是信的编年史撰写者

独自对这个失信的世界
信誓旦旦

镜像

指着花影下的围墙
我口齿不清地说：有人，那里有个人
母亲抱着烧得浑身滚烫的我
在阒寂无人的夜里踱步
每当这个片段在她口中复述
我总看见她恐惧又顽强的样子
这一场景的母亲，有时换成了我
而我怀里的婴儿
将在怎样的场景中看见
他眼里的我

梵音

当我来到大雁塔，雨
便从唐朝落下来
一次性雨靴，在我腿上演绎
高僧打绑腿的时刻
立于广场的玄奘
仿佛开口传经
敛息倾听的我，耳窝灌满
叫卖雨靴的梵音

高铁

以最低姿势，进入
大地腹部。并成为再次出生的婴儿

就像女人的人生
从桃红荡漾到蔚蓝静谧

安娜·卡列尼娜的火车，我并没有忆及
犹如夜郎之不知有汉

因为我的俯就，它获得了形而上的命名
——高处的铁
历史长卷从此钤上金戈铁马的印记

如果轨道过于漫长黑暗
我便从身体里擎出一只油纸灯笼

织物

独自练习在一条贯穿人生的细线上
行走。而不摇摇晃晃

我用诗之线编织珀涅罗珀之织物
在解构与重建中接通你来临的时光隧道

孤独并不使我懊恼
潜于线团中的你不时探出头来

递给我一些瓦片
让我在茫茫人世打着梦想的水漂

当我以近于无的水花
打出最远的里程

出来吧，与我对坐
对着虚空，我说

水舞

山脉的堞口有更丰沛的奔涌
众神之瀑环立
夕照下的水舞宕落于深涧而溅射流光

而在山下，一个人的水之圆舞
冲破一江秋水，无数涟漪荡起
像一场大梦中自迷的醉意

这寂静的潜跃，是
浮华的人世镜面上，暗夜来临之前
一小块自在，一帧鹤舞的照影

寮步的猫

鸟鸣在早晨叫醒光
佛灵湖在氤氲面纱下
澄静洁净，不为世人所知
落叶铺上车身，森林同化人造物
寮步的猫也是薛定谔的猫
你不知道它
何时踩着梅花桩
探看过敛息的碳黑引擎盖
多少内存马力积蓄着
用于施行对纷乱世界的退行
并随风潜入莞香木

夜色，安静恰好

他们相对而坐
话语偶尔在空气中碰撞、打结
窗外的千江泉区
蓬莱幻境般笼罩于水汽的氤氲中
电脑里的字在眼前走马而过
像水里的人鱼在此间穿游
水流时急时缓
一根调皮的弦一再在身体里抽紧、松开
它的性别
半为生物半为神灵
而我的文字安静恰好
不惊天上人

小雪

小雪无雪，节气与南方
似乎疏离亲戚般徒有虚名
但这并不阻碍雪
以另一种方式
覆盖每个人的生活
母亲头顶的雪已慢慢变厚
与我的薄雪相互凌空打望
而我正努力用各种方式
把落在我头顶的积雪焐化
并不断告诉她天下无雪
她依然叫我妹仔
让我恍惚之间看见自己
刚刚搁下放学的书包

我有青灯挑不得

不能入睡的夜晚
我把它分成上下半阕诗
上半关于窒息的肉体
下半属于独明的青灯
旷世的黄卷往往不忍卒读
更不忍放下
举起的素手在空中，无处挑灯
一些树木在倒下
一些菌类在雨夜萌生
天下陷于黑幕中，唯有一灯如星
饱满澄静如其所是

塞纳河水

修女在石砌的河堤边
雕塑般伫立
仿佛她与这条河流同为恒久存在
一个诗人在行走的肉身上
声明他对巴黎的厌倦
这些事物均与我无关
而我常常回味
塞纳河水在年轻修女身上流淌

沉香

舍去他人
设立的台级与磨盘

若一生在追逐游戏中打转
何以沉结出木心的芳馥

色空鼓在调香师手中
敲出幽玄清音

生命的沉淀物，需要时间之水
浸泡陈化至无限侘寂

在经受野蛮伤害与轻忽之后
向内蕴化而馈出深沉的莞尔梨涡

扎根万物的细小日子里
结集起独立千秋的百年香

而未知的何人将闻香如见
事实的在场诗意，如梵

坐在虚空的怀里

六月，被暴雨与骄阳夹攻的草木
依旧一派天真
蓬勃伸向高远的虚空

这些我所种植并浇灌的植物
像我。赤裸着
坐在空气的怀里，成为时间的果实

在维堡

当我到来
芬兰湾尚未开怀，雪绒服紧裹
来自波罗的海的寒流扣押了水流
人们说太阳必然西落
而这里也可由东而坠
尽管冰雪将化
世上一切亦终将无痕
我还是使劲
给古堡顶踩上几个白脚印
为存在与虚无献一个同等的致敬
边城阒寂
天色纯蓝欲滴
远处有老者垂钓冰窟下的鲜活

当下的天然

空荡荡天地之间一群石屋
仿佛天降于山凹草树中的陨星
我们坐在沙发上，仰望老屋的超高房梁
谈论风水的科学性与屋檐下的人性
它们的自洽与自困

节能灯代替蜡烛
点燃高悬门楼的红灯笼
照拂显见或隐匿的事物
被朗诵的诗句，以语言的冲击力
触发陶醉或羞赧的酒兴

我按停嗑瓜子的惯性键
俯身一列小小的火车，它正游弋于
万顷灯火与一苇渡江的边界
每节车厢都盛载着
碉楼枪眼里的满目青翠

暮色里远山近境的苍茫
天然为我所有
正如面对白马与棕马，不必选择某一匹
上场。它在野径上慢慢吃草
向走近的幼童低下了高昂的头

意象的乡愁

从广州天河出发，降落于
武汉天河
我在天空划下的弧线
约等于诗的语象
它发生，消弭于无形

仿佛在山水中提取
关键的字符曲调，吟哦
流动入耳
在餐间赏一朵小花之秀
各生其义
构筑半自觉的闭环系统

斫字为弦，山移水舞云流
弹拨之间，聚别有时
在荆楚之地，我因为高山流水
而生出了乡愁
琴台有路，通向闻音飞地
听取长江一段最深婉的隐弦

符号

人各有其名
它被标记、建档、定义
你就像一捆行走的卷宗
带着浑身的符号系统

当名字被轻柔呼唤
玉扣绕指
你才知道，它脱去
符号躯壳之本真

所有标签与备注
都不及这一灵魂的落款
这蚌里剥出的珠玑
穿透暗室焕发宝光

独自守在滩涂上的石雕

淹没与现身，水中的坚硬部分
立于泥淖滩涂
鱼蟹贝藻在身边来来往往
嬉戏这不曾离开的异类
唯有涅槃过的火山石懂得
这塑形的石头
背负渔村世代烟火的寄意
怀抱同体慈悲的古老悲喜，目视
渔船去而复返、去而未返
就像某些不曾言语的在场者
尽管大海汹涌，不停放着高音喇叭

我的百香

光线四射的小太阳升起
于蔓叶间随风轻荡
在初夏引颈仰望的人，即能得到
照耀与顿悟

是的，小蜜蜂，我愿意分享
这由我口哺到土培
成长并盛开的百香
这敞开的钟面，原生之美态

时间的秘密紫蓝、嫩黄
等待提炼与液化为澄明
就像生活被提纯，以诗为翼
这是缪斯的选择，为流逝与未来

用你悬停于高空撷集
及倾心酿造的蜜
为未知的来人传达百种花香

而为了免于愚昧的沉坠，我以每秒
三百次的频率扇动透明的翅膀

旅馆

这是莫斯科的一家旅馆
带长方形天窗的阿尔巴特之家
我像童话故事里的主人公
住在可以随时看星星的阁楼
打开天窗，便可猫一般爬上屋顶
如果我愿意，屋脊上的行走与串门
即时成行
此处住着不朽的普希金
隔壁栖息着抗击暴风雨的海燕
行走间时遇神交的故人
我喜欢在这里
用工夫茶杯丈量大海的风波
躺在床上看
俄罗斯无尽夜空里闪烁的星辰
在与茨维塔耶娃的会晤中
被第一缕晨曦唤醒

阿赫玛托娃的皇村

这些万叶落尽
唯余筋骨的椴树
倒栽于蔚蓝天壤
宛若黄金时代的枝形巨灯
高擎着白银时代的火种
这些伸向高空的根须
似皇村街边的一杯茶水
清淡而解渴
一个地方
不因命名的伟大而可爱
它更荣耀的名字
被心灵无声读出

在天地之间自我圆满

深藏于山野的巍然围楼
在漫长岁月中
反复把心门打开又合上

独守着精雕细琢的庄严
与对风云变幻的泰然

而一颗火红的野颠茄
也可令苍茫山野生出夺目之美
仿佛诗之于诗人，在灵魂寒冷的季节
以致幻的微毒带来一把火的暖意

这些庞大或细小的寂静事物
始自深情的根植，兴于兢兢的生息
恪守着内求的充盈

似一泓清水怀抱盈亏自负的皓月
在天地之间自我圆满

日子因此而有翻新之美

小雪落在小雪的节点
仿佛诗有了自己的脚印

他站在色空鼓面前
就像动荡匹配了苍茫

我只是远远地看着他
亲人一般，体贴无声

那隔世般的远而近，诱使我
在时间之隙留下印痕

在书中

于一本书里读你读我读他
作为静默的慈悲与抚慰
写他写我写你，在诗篇纸墨中

在书架和书页之间
图书馆与时世的行列
我们互为馆藏的一部自传与史册

脚印，锅碗，嚎叫及爱欲
在细节里活着，作为存在的既成部分
不存在的本质悬浮于其上如蒸汽

美庐

山上坐落着不同年代的别墅
这些建筑就像它们曾经
名满天下的主人
有时藏于雾中，有时藏于严寒
世人所知均为一檐半角
它的外观为岁月所洗刷
它的内里承载着相同又各异的朝代
一个女主人住过
另一个女主人换了一张床，也住过
而现在床上睡着——空

下雪了

雪从夜晚的北方
飘向南方
初雪如稚子，轻盈的童真
在慢镜头中漫舞
灯言与呓语
穿透梦幻之境，堆起此在的小欢喜
当晨光越过窗纱
关于雪，已从新话题上蒸发
像灵魂之爱，来路无迹，匿处无痕
不为他物所玷染
在夜里各自看雪的人
共享这宁谧与喜悦
如一曲蓝色多瑙河，跳着圆舞
从维也纳旋过广州的天河

纸镜子

朋友们在水榭边站成一首环形诗
仿佛在黑洞出入口
召唤同频共振的万物变体
月眉儿弯弯，照见多少眼里的沧桑
群峰之上的纸镜子，以山中见山的辩证
摒弃世上喧嚣的粉饰，照见
不同时空中
自带纸质方向标的我和你

小鸟来访

它并不介意，我小心地走近
透过露台枝叶间隙
我们看着对方
仿佛同类间，不需翻译的致意
空荡荡的天空此刻满了
挤挨挨的城市瞬即空了
它跳跃时，叶子起舞
它轻歌时，世界静了下来
一个平行宇宙在此展开

无我之香

献出青春之花，献出满树
饱胀的哺乳期果实

伤痕累累而又葳蕤的白木
把灰褐的隐忍缄默为香

斫枝、研粉、化液、结膏
一棵树以粒子的形态进入城市肌理

人们承美人之赠香，拟君子而沐香
日子因其弥漫之息而滋味绵长

当果核落地，又一轮
生生不息的无我，以泥土为起点

闻香相投的赤子，在树下
掬起又一味灵魂之香

无物之实

光影的虚线所筑造的长亭短亭
留不住俗世与肉身
我们都是用来描绘时间的材料
由水唇与虚竹说出水月与镜花之实
所有细微的灵爱
构成一个高于尘埃之唇印
夜晚安谧，而人世空渺

应和

带广角镜的黑瞳藏着亲近万物的复眼
森林之路向内弯曲
树叶的歌声有清泉唱和

一只丹凤眼打开无界之境
复眼幽深处，一束黑火焰燃起
照见另一处被镀金的丛林
丛中有生物制光，集光，发光
并被强光所灼伤，承受早至的坍缩

如果打开茧房与洞穴
赤裸全息的细胞
你便懂得高蹈的与承载的
如何在脉搏的频率与光影的微粒中
同频共振，同体慈悲

当你仍会被打动，仍能微笑或哭泣
在城市里听见风呼与虫鸣
闻到新浴的体香，便可为自己恭喜

极光

那牵星球线团的编织猫，
祂从沉思中回过头观看。
世界万物杂陈生存拥挤，
热战冷战疫战周而复始。
而岁月淘洗着经丝纬缕，
定位格物者的皓然星芒。
月牙船上待开天眼的人，
自我淬磨成慈祥的儿童。
天上地下水中星子眨眼，
极地璀璨高能粒子流荡。

第二辑 爱，就是去爱本身

七夕偶感

古今多少痴男女，
一段柔情几寸灰。
唯有嫦娥离俗白，
耕云揽月不思回。

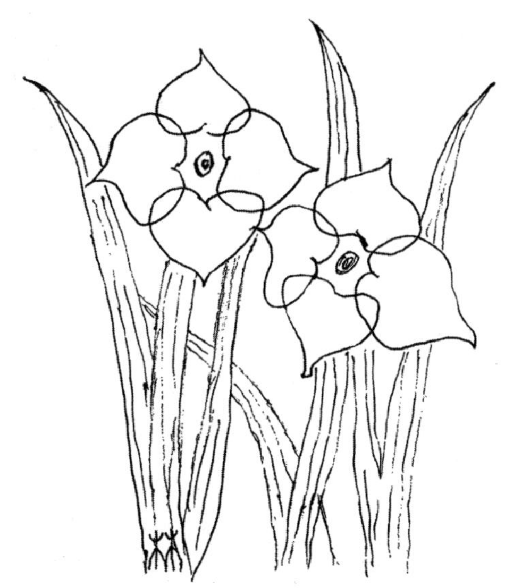

有—无

这无尽的夜里

有远眺有近观
有林涛之声有人间灯火
有隔空思念有耳鬓厮磨
有放不下的电话与呢喃
有默默的恩宠有炙热的唇语
有眼中的火苗有带电的抚摸
有羞怯的落日与疯狂的凌晨
有“须作一生拼”的死去与活来

没有你

宝贝、宝贝

摘去生命的环形锁
土地辽阔，植物蓬勃
重生的羞涩与丰沛遍野漫染
一枝斜躺的桔梗花
仰吻爱神的汗滴
颤栗的杯盏注满欢叫的汁液
生命原点的沉溺，要你一生
这无可替代之美——
花朵的盛开
动物一样的宝贝、宝贝

两颗花生在豆壳里接吻

他们锦衣夜行、他们赤裸相对
混沌的天地不需要任何条件的预设
与揣测。一切都是恰到好处的偶然
与必然。万物在黑暗中恋爱
在豆壳里接吻的两颗花生
以爱撑满蓬勃宇宙
他们的馥郁不必与他者道
他们的忧伤是大地的忧伤
晚安，世界！晚安，河山！

能不能留在你的春天里

你爱上坡、爱下谷
爱湿润的林间路

一次次冲刺，一圈圈环山
一层层蒸腾的雾气

你说能不能留在春天里
你要把这片河山的每一寸肌肤都爱遍

可以，是的可以
就像一颗花生睡在豆壳里

你的吻带着松针微微的扎痛
绯红从你身上移到薄雪初融的峰峦上

我们来讨论性感

贴近的唇与熟透的红樱桃
谁更性感
在抛物线的弧度与鼓胀的充盈中
当你吮吸时间的果实
是酸中带甜或甜里裹酸
情不自禁的惊叹已作了双重代言
林中悦色
树叶之间掩映的酡红
天地沉甸甸地摇晃

洛神花

她有坦露心怀的美德
无论高可摘星或匍匐低处

以娉婷枝头的洛神之雍容
敞开遍布山野的抱朴之真

美丽的事物总有实用主义的瑕疵
她偏凉的本性，失之药用的尽善

一如怀玉的内心
时时持重而未能尽美

也许，完美是一种暗藏的毒
带着理想细密的芒刺

当你剥取血红的萼片时
微微的痛和痒电流般通过指尖

乌多尼

她不是山间野上簇生的桃金娘
不能在上世纪七八十年代的孩子口中
化为清甜记忆和满嘴的紫红果酱
她在水果档口前跑跳坐卧
像混迹众多青绿玉石中的黑珍珠

尽管多年没有生活轨迹的交会
她调皮的脸庞，总会随着被提起的野果而浮现
直到我路过陡坡一样摆摞的水果街
发现爱捣蛋的乌多尼已长成壮硕的多尼妈
看管着老家市场口更大的水果山

有乌多尼卖吗？我想
像小时候那般戏问她，却又给了自己
一个否定的缄默
并为那句设问而心生歉意

雨夜宽窄巷会诸友

秋雨中的夜行
在一杯荷叶桂花茶中浮现
宛如书中见山峰，襟中怀璞玉
我们把夏叶与秋花各自孤高的频率
聚拢于宽巷子的陶然共振
你说小龙翻大江
她说东君有信鼓瑟相和
我说敛眉浅酌放马归山
从宽巷转入窄巷，由茶而酒夜色渐浓
许多人在世上邂逅聚散
巷子宽窄随心丈量
而敞怀相见的我们深知——意未央

被爱诱惑的人

一个被爱诱惑的人
不能说想你
夤夜的思念没有对象
空气中的脉息找不到形状
引力波深入日常和灵魂，皮囊与骨头
以为爱过之后便不会再爱
以为伤口好了就不再痛
以为错过了就再难重新来过
她想说这些都不是以为的那样
可一切都是

我要的如此之少

只是一杯茶
带着你递给我时宠溺的眼神
而我喝水的唇
是为了献出湿吻
每一个吻都是美妙语言
它是藏羚羊奔过草原
它是蓊郁的水上小洲岛
它是山顶幽微的夜雾
它是一朵桃花小小的芯在风中轻颤
在夜眠与晨起时，我把这杯茶
又喝了一遍
我要的如此之少

立冬，想起山上的红叶

冬的迹象并未降临岭南
偶有黄叶旋舞着歇落脚边
我在此刻
想起山上的漫天红叶
想起你说要来看我
啁啾鸟语在空气中跳跃
而我并不急迫
藏起头角欲露的小心思
静候红叶铺满沙沙轻响的来路
天与地将交接锦缎与彩毯
襟怀与杯盏

请啊，兄！

多年来我已练就一种本领
无论在多喧嚣的人群中
都可以自处为一个人
而有时，一杯递过来的咖啡
一轮自斟自饮的茶道
便是一道恰好的斜阳

有人机心汲汲，有人傲慢乖张
而以文字与简单心性相认的人
总要在秋天再次相识
也许我们已拥抱，也许未来得及拥抱
或者没有把话说出口
因为临别的匆忙，别绪的隐忍

当我从机场转入地铁
你说：想拥抱一下你
泪水便冲出眼眶的机坪
我说：抱抱妹妹，总会再见的
心在列车的胸腔恍惚
时间来不及在我们之间暂停

一个人也是一个世界
我们都偏爱

这有限的孤独，无限的自由
请向在飞速前进的时代中退行的你我
向茫茫人世中有限的同类
抱拳如捧心：请啊，兄!

小寒时节晤三五好友

往杯中斟满长久的情谊
寒夜因发酵的时间而酱香
每一道菜的滋味均恰好

在吐出的烟雾中看熟悉的脸
就像偶尔抽一根烟
体味别样的自我

戏谑中细数过往，微雨里道别
体内的酒精小火炉
烧起红云满面的温暖

无须形影不离的缠绵
这握住的手，从不曾松开

看海

——给蘭、雪

蘭在镂空的对门唤醒看海的人
帘幔徐启，一艘船横卧于水面
朝霞携着它驶近床边
世界寂若无人，仿佛我静止于画图间

再次经大鹏所城入海湾
我需要借助记忆导航与想象定位，重临
昔年的金水湾，筵席、杯盏与友朋犹在
其中一人已悄然缺席快意啸聚

早晨的海边已无下钓者，三个女人赤着脚踩沙
低头挖蚬的渔妇，猛然投来警惕的眼光
那被盐与生活沥干水分的瘦削
显得过于硬朗

我应该与她一样，低头劳作，可是我没有
无意的侵扰与凭空的敌意
来自无形的隔阂，波平之下的暗涌无从致歉
一切持续向前，不可逆转

与雪说起黑夜中裸泳的年轻人
一只寄居蟹通体透明地掠过较场尾海滩

想起昨夜的沙滩，海浪轰隆隆上下

那默默海钓的人，可曾钓得
胸间风雷与滚滚排浪
而我们未歇的脚步，正朝向下一站的核裂变

闹春

爆竹与烟花以神的名义
在子时擂响震天春鼓

孩子们粉墨登场扮起了角儿
把长辈扮演了一年的角色
在闹热狂欢中卸下

弦乐传递着庆典的古老旋律
无可依持的中年
抱紧了俗世的稻草

他们在幼年时也曾如此
不知地厚天高地
走在去后畔埔或心泉祠的路上

怀抱星星与星光

晚境

当我揭开杯盖，微温导入指尖
薄薄的水氤袅袅升起
我像一个人形杯子，承接到
你倾注下来的爱
无声，又如水流声
你不需说，我也没有提起它
不像年轻时，斤斤于嘴上的锱铢

桑树的性别鉴定

小姑扫完院子
把灰尘倒在院外的桑树下
我好奇这一棵的稚桑葚为何掉了满地
她说本还想着熟了可泡酒，可惜

没有答案的小姑继续求证
婆婆认为这一棵是雄性
因为旁边矮小的那一棵
不掉子

我隔着院墙听见她们的议论
微微一笑
前天我同样继续求证过一男子
他说这是假桑葚

当我再次靠近它们
那一棵，正半歪着不起眼的身子
缀满枝的稚桑葚
细小而饱满，像吸足了奶的婴儿

冬至

一部分人在拜祖宗
一部分人在敬神
一部分人在为不朽者扫墓

有的吃汤圆
有的吃水饺
有的啥也没吃

每个人都是身负
各色签诗的签支
处身在一个特制的签筒

一双巨手擎在半空
反复摇晃
随机抛给你

一阕带编号的格式化命运

小工课

给阳台上的花草藤树施肥培土
以免它们因过于用力的生存而弯腰屈膝

用彩线勾几朵花几片叶，再读几页书
只为在它们中间安放自我

我喜欢这些微小且没有功用的工课
并因此，沉浸在一个周末的下午

为一首曲子的循环萦绕而柔情满怀

小世界

一次次到海边去
看低处的浪上下沙滩
亲近无用的事物并虚度于其间

海在天上，海在脚下
成群的海鸥
在云中飞翔，在沙滩踱步
我和它们一起，收起或蹑着小小的赤脚

偶尔想起那年，抛弃一切保障的下海
那时以为一眼能看尽的某种人生
在人海里潜行着N种量子纠缠的可能

而对于过往或到来的事物
我已学会报以微笑

向当前的事物倾注我爱
比如一瓣瓣剥开鲜百合
煮一碗糖水羹，并用恰好的火候
使立冬日的蛋花盛开为屋前的缅栀子

列车上的陌生人

有时我会想起某个陌生的回望

仅有的交会是——
被帮忙放上又取下旅架的我的箱子
被拾起的他掉在我面前的身份证
——火车到站，我们反向而行
他挥挥手带着满身的阳光

没有速度的世界，没有终结的他方
不问何来、不猜何去，平静中有虹升起

身上带着满世界的山水

一条被路过的路，曾经存在
而不复存在的旧居
拥有屋后山脉样的斜坡
一个人走路久了，过于深情
身上带着满世界的山水
故我与新我重叠在一起
仿佛在一所房子里绕着房间走路的人
刚刚走过自己，忘了
拱手作揖：你好啊

抚慰

纷纷飘，过行道灯，过奔走的车
过观看的人们
初雪，落在草地上。那是
婴儿的唇，吻在胡子拉碴的脸上
如同白色的文字之花
开上黑色的书皮
沉重的事物当有飞逸于其上的轻盈

每一个人都是拆分出去的自己

——致“70后”诗友

我宁愿远远地，或隔着屏幕看
老朋友与新结识的朋友相谈默契
畅饮尽欢并不舍依依
而不迈出奔赴的脚步
年岁渐长，能不结交就不再结交

我已不忍经受太多告别与分离
每一个相识相惜的人，都是
拆分出去的自己
成长于剧变的时世，历经共同的世道

目睹时代的进退与兴衰
我们唯有擦亮
那些蒙尘的词，积垢的弦琴
唯有写，带着行动所冒犯不起的现实
写，每一个不甘随波的自己

科莫湖

从米兰中心火车站
跌进阿尔卑斯山南麓
洁净的幽静
如青绿山川揽拥靛蓝湖水
白船与野鸭流荡于碧波中
仿佛梦境浮出地平，筑成
积聚念想的洼地
那些长长的石子路
我与家人一同走过
冰川湖的清凉水氤浸透体表
我们在湖山之间走走停停
手中的冰淇淋
滋味不止于所获取的三种
香甜，入口即化于此后悠长的时光
走过了漫长的世道
过往与未来聚焦于一个字
爱，就是去爱本身

梅花落梅花开

在高楼的窗页上，写一枝青竹梅
古典里的清冽梅馥便溢出时空

远道而至梅林的女子
不为仿效梅妻鹤子的处士
亦不做，提灯照梅的怜香者

只为借亘古风、傲霜骨
影塑立世的腰身。梅花落处梅花开

逼仄人间宜心存旷野
尽管天空时常笼罩灰霾

仍有不缺席的一枝白、一段香
用以对应你胸怀中的山岳

而青梅煮酒，豪情岂分雌雄

第三辑

大海簇拥起一把带天梯的空椅子

寄怀

辞岁除时疫，迎新启煦春。
家山常顾念，戚友亘相亲。
蒲草萃其韧，青松正此身。
心笺何所寄，斯世当惟真。

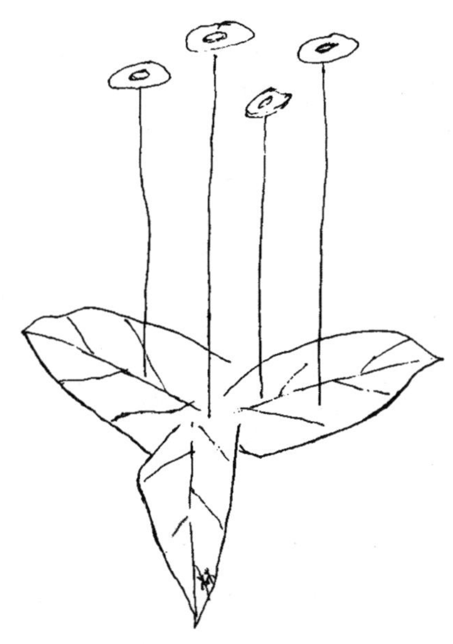

大雪

大雪落在人间
落在网络、朋友圈
刺眼的白遮掩了红、黄、蓝
及其勾兑的黑
银妆和素裹以纯洁的面貌
覆盖雪下的黑箱与渴望阳光的幼芽
而十二月党人的舌头
已被十一月的风刃收割
这干净的世界
让我想起曹雪芹的红楼梦
宝玉走在白茫茫的大雪中
身后的贾家在风雪中
演绎腐朽的坍塌

存在

没有了大佛的拱洞
如一袭空荡荡的布卡罩袍
悬挂在阿富汗
巴米扬山谷间

它的主体
面目缺失，体态无形
神性与女性，慈悲与和美共同的哀歌
在其中缭绕

布卡乐队水草般摇曳

生命的摇滚乐，自由的永动力
在枪械的有形镇压下，宛如
巴米扬大佛并不存在地无所不在

夜的洪荒

天与地在水面汇合
世界薄成一张玻璃纸
万千灯火标注此刻的万有共寂
多少生命在水上书写命运浮出的倒影
就像诗人写尽天下风云
只为活成一枚钢针样的诗
刺破弥天谎言

大海簇拥起一把带天梯的空椅子

此刻，伟大与平凡均归于大海
送信人以灰烬的身姿化入无垠
自我燃烧的命运，就此作别
未尽的烛照从此留给人间
浪花的每一朵都有你的骨粒与血性
就如每个面对风浪的人所见
大海簇拥起一把带天梯的空椅子

克林姆特*的沉默

孩子气的女人
蛇蝎美人、恶毒女巫、慕男狂
坠落的少女，清纯的名妓
神秘莫测的官式花瓶
真相的谜团与谣言弥漫如烟

而沉默的神智学与世界主义
深潜于色块的解放

浓艳忧伤装饰了严肃情欲
原始镶嵌的生命力
天真的羞耻浮云于面颊
永远的女性
在尤物与神祇的交界处

神早已抽出黄金分割之线条

---

* 克林姆特：古斯塔夫·克林姆特，奥地利表现主义画家，女性肖像画画家。

河流与词义

一条河会以何种相异的形态
承载不同节点的事物
鸥鸟与野鸭信步于郊外的河中坚冰
阿芙乐尔巡洋舰静止于流水之上
冬宫河段的开河仪式
呈现光彩流溢的辉煌
涅瓦街旁的河水与洒血教堂一起
定格在游人的摄取中
从以撒大教堂上看涅瓦河
柔软的河体绕城旖旎
而在芬兰湾维堡港
白色的冰面与岸边黑色的煤堆
它们并不知互为水火对峙的关系
没有人类的介入
前者为冷，后者乃静
共组一个相安无事的词

第九个

据说修复中的俑，只有脚下的秦土
能黏合他们，破碎于他朝的秦身

前面的八个人簇拥成云团
听导游饶舌地重复：听懂了没

唯有这第九个，像无法凝固的沙
游离于人群之外

仿佛脱壳游荡的远古幽魂
随机尾随于人龙尾端

并准备随时对回眸的导游报以一笑

路上

这条斑驳的路
从嚣闹的街边转入幽暗
两旁的厂房、车间
沉睡着过去年代的火热
一个人在黑暗中走着
就像独自走在破败的时代
一个人的沉默
由词语的在场延伸
一个时代的沉默
往往被喧闹的声音掩盖

从擦净的玻璃望出去

久雨后的阳光轻抚万物
争相出户的人们悦色盈靥
仿佛赴一场春约

前往集会的人是快乐的
怀抱俗世的舒适和可控的目标

每个人都有自己的精神支点
有的支点近乎虚无
遥远于天外又贴近于心坎

从擦净的玻璃望出去
冬日明媚，人世安好

最简单或最繁复的可能
藏在A面或B面

庄严的仪式

阳台上有一棵柠檬树
还有一棵百香藤
它们都来自我吐出的籽
和亲手的掩埋

长久不见动静的怀胎期
谎报了死讯
而我仍不断浇水
似是履行一项庄严的仪式

于是我知道百香的叶子
怎样由少女时单一的椭圆
裂变为成熟的三叉
而浑身长满尖刺的柠檬
也需时时防范啃食叶子的害虫

当我埋首于队列
或沉溺于人群的躁动
有时望望张牙舞爪的百香蔓
有时看看钉子一样的柠檬刺
便成为一项庄严的仪式

高处的静默

筵席已散，杯盘伫现
并不狼藉的庄严
高处的静默如灵光乍现
先生在灯火中就座
仿佛启明星，于幽静处大驾迟来

喧嚣下的隐匿，人群中的游离
先生，是谁？
在霾幕下向天空眺望
风徐徐绕过一尊尊黑塑

不合时宜的严肃
在滑稽的世界显然可笑
宛若烟花燃放后的现场
洞开黑暗与璀璨的深不可测

水声

离开会议与人群，我在水边听
岸壁与江流的太极推掌
它们淋漓的默语
恍如穿堂风，虚静而贴肤

面对着亮闪闪的话语模型
失语是我对自己从众的反抗
我偏好凹凸咬合的真诚
露出本质的牙印

犹如穿过市井圩集、亭阁楼群
从狭窄通道深处，觅见豁然敞开的码头
此处江面辽阔，水声酣畅

环形锁—梅花烙

有的深匿子宫，有的相扣成链
子宫里抠出的环形锁
套在女人的脖颈上
而铜圈铁套里
早已备好花样的勋章与草标
或为节妇，或为英母，或为疯女
又一场大雪落下来，封禁
被锈铁勒得疼痛的春天
可见与不可见的锁链
一齐在古老大地上哐啷哐当作响

这里的人怀疾病如怀婴儿

没有任何附加意义
时间白白地淌着，在医院
嘈杂急切的人群在其中落叶随波

住院部的病房塞进了多于床位的病人
有人默默等待诞下一小块提前处决的生命
有人切去赘生或变异组织

所有的生命如呈屠场
看得见与看不见的搁置与宰割
在各处进行

而献祭于语言的人
熟悉又陌生。凭吊的理由显得虚无
就带走我暗中的致敬与善意吧

让广场回复泥土的质地
安放自由灵魂和被清洗的记忆
碾压过的花草依然把头颅扬起

这里的人怀疾病如怀婴儿
腹中的悸动和收缩
令人与一切和解，就在现在、此刻

尽管理想与愿景在当前显得孟浪
仍有不苟且的先行者
扑倒在辽阔的土地上，成为星火

言之寺

徜徉于汨罗江的舟船
在满载告别与重逢的万古江流中
重温过多少回凌波凭吊、钟鼓唤魂

向途经的每一处水域学习
自我流放。用兮兮如叹的楚地古韵
在山高水阔中打捞起一枚
供养于心房的冬日暖阳

立于喧嚣之上的人，把持着幽兰之心
如一只行走的灯笼，一次次在玉碎
与瓦全的天问中进入语言之寺

无意识

相对表演的盛大狂热
他们的日子卑微而具体
层层叠叠的相互纠缠
像一枚枚绣花针拖着长长的丝线
高擎自身的尖锐
一步步，互绊命运的针脚
老式戏剧作为背景音乐
悠悠荡荡，低声褒贬教科式的善恶
习性那道坎，总是迈不过
穿梭针眼的纠结
轻飘又沉重得令人叹息
而这些并不阻碍他们
积极参与狂欢

空间

把花木植入钢筋水泥，城市
也可以拥有葳蕤成林的理想
鱼池砌上高台，就像大地
将暗涌的海纳入胸怀

我不想听从劝诫
封上避挡风雨的玻璃墙
与自我监护的钢丝网
里尔克的豹应毁掉栅栏

人们已割让出蓝天和星斗
接纳了漂浮水上的渣滓
退让没有来日

让风雨肆意洗濯
蒙霾的万物与世象，包括我
当黑暗一抬头，明月便从海上升高

墨汁葵花

我们均不能预知
热战会在地球村时代爆发
巴别塔与废墟互相繁殖
生长起安塞姆・基弗的墨汁向日葵
它躬身朝向苍凉大地，垂滴时间之籽
这万物生灭的地球村
唯有人类需要记忆
如羽翼如箭钉
从荒谬世界从静默画面奔突而出
在受难的土地上播种和平之花

菩提心

高悬于庆云寺之上的圆月
朗照轮回不息的万物
照拂修炼而来的缘聚与飘落的菩提

暮鼓晨钟，带动脚步的鼓点
一个人回顾来时路
转角的幽处，成双或成群皆随流水

红尘三千，云开月明
人间别有天地
捡一叶菩提，藏起一份各自珍重的聚离

偶然—必然

看一场电影
看一个把语录倒背如流的人
向往做语录里塑造的好人
最终活成了现实中的坏人

想象一场爱
把爱建立在欲的基础上
向往灵的飞逸而借助身体的路径
最终道声晚安，各自拥抱夜晚

华清宫

玉池水暖，露华凝珠
一袭石榴裙掀起红尘万丈
霓裳羽衣双飞，梨园翩然共舞
引领琴瑟和鸣的典范，终究
难躲窠臼
成为王朝衰败的替死鬼
江山已远，遗下三尺白绫
依旧夜夜在长生殿舞蹈
几多道成肉身的赎罪祭
留待身后褒贬

飓风掠过古龙峡

漂流在山雨欲来的人间
偶尔接受一场巨浪拍打
把三百七十八米的跌宕
摔进身体的深渊
险处的腾跃因而有了侠客意味

风刃掠去墙上霞衣女子
若隐若现的薄纱
她栉比的脊背有飞龙显影于其上
因飓风的专制而萧瑟的事物
在他处敞现巨型机器所不能收割的生机

工具

人与工具的转换
并不少见
当TA立于神坛招摇顾盼
高高翘起的尾巴
将是TA沦落为工具的把柄
甚至工具入土后
把柄仍在历史中被时时掂起
抡向四面八方

哗啦啦

要有一些虚设，支撑存在的必要
要有一些仪式，营造入世的虚荣
要有一些隐忍，粉饰天下的繁盛
还要有一股决绝力
把“有”这如椽部件
来个釜底抽薪

凌晨三点半

炮声闷响、夜明灯熄灭
异国人惊醒，这些同步发生的事物
在凌晨发起连锁反应
窗外人声嘈嘈，也许在讨论突发事件
或解决方案，而我并不知危险是否在逼近
让我撇开这一切吧
此时鸥鸣在空中呼应，比人声更为亲切
仿佛通灵者意欲安抚
而这日益沉重的肉身无足牵挂
除了顾虑隔壁的亲人
我已不再惧怕独自面对黑暗寒夜
及脱壳飞翔

万象图书馆

万物与世象在这里，装置
字立方的骨骼

这闪光的魔方二维码。只需读取
各色灵魂的立面随之敞开

思想的沉香。墨迹与史音
于此间布风行云

雪下的蛰伏，没有
清醒与酣睡的分界线

阒寂书梯通越光年时空
聚光者繁星点点，在人类银河系

感知彼此的闪烁，集束的智慧激光
洞穿世间的狂暴与闭塞

人生是一部自择自阅之书，不妨
徜徉、放眼于字里行间

时间不能带走一切

雨在窗玻璃上独唱
它选择在深夜，以打击乐敲响
全世界的沉默
幸存的人圈地为界
在玻璃罩中睡眠
一个抓住微小梦想的人
把一枝带洁白花蕾的茉莉
扦插于五月——
时间不能带走一切

重新孕育一个春天

一棵落地生根在叶沿上
举起一排排花蕾般的种子
仿佛诗人高举梦想之花
五月雷阵雨倾城
模拟一种运动式的应激状态
敲锣打鼓，拷问世道人心
风雨打下来的种子
匍匐在泥土中，重新孕育一个闰四月
而庚子春天濒临死亡的黄绿
死里逃生，绿得暗黑

失踪

纪录片里出镜的诗人导演
那双血玻璃般的眼，摄下
道路两旁的横陈人体
便已看见自己成为失踪的人
他记录的家远大于家的边界
当他的妻子哭着说
她正替补着他母亲的角色
看片的人已有悚然预感

超级月亮

它照太阳照不到的
独自活在幽暗中的事物
它照庚子早春的飞灰落樱
它以超级提醒自满
世事有盈缺，不泄洪的水库
易决堤

一个人比往常更早醒来

初阳刚露出半边脸
万千浮云在前面奔涌层叠
光芒从橙红的穹顶喷薄穿云
此刻立在寂寥半空的人
怀抱轻抚万物的曦光
一个人比往常更早醒来
是神让其从这个角度看世界
人有时要离某些人群远一些
再远一些
人群在看不见的视线下
忽左忽右地站队彩排
在统一旋律中迷乱而高亢
而一个人在其中沉默
因无所欲求而被目为异端

合掌—逻各斯

看着破裂的白陶佛像
和折损的木雕手座
保洁阿姨不断嘟囔着：真是的！真是的！
并笨拙地试图拼凑完整

祂从印度尼西亚跋涉而来
在茶几上坐禅了许多年

我没有责怪她
而是把佛像安置到鱼池上面的山凹间：
安心吧，不是故意的

祂颔首垂眸，与山水浑然如一

手形的底座一改以往
敞掌高擎的姿势，此刻平和地合在一起

不好了，快跑！

当人们从爱德华·蒙克的画中

从一截空洞深陷的树干上

从一次次身边事件中

读到这一声呐喊

是在什么样的时刻

什么样的境况

人们，被什么堵上了嘴巴的漏洞

天堂街*

天堂街与死神毗邻
莉赛尔手捧书本坐在台阶上
随文字自由出窍
仿佛遗下躯壳的游神

残酷不止于行与思之禁锢
人与人之间的监控与告密
包括懵懂孩子

生命的放肆掠夺
与觉醒心灵
在枪炮与良知间博弈

天堂街废墟的见证者
这偷去书中光钻的贼
在多年后敞开缄默记忆

一个人巨大阴影下的恐怖世界
会不会重来
死神说：人类真让我捉摸不透

---

* 天堂街：电影《偷书贼》中，纳粹统治下的一条街，二战期间躁动的德国。

第四辑

一切在到来，又在远去

秋节即事

徂暑天高凉未至，
金风桂馥献秋琛。
已谙圆扁寻常事，
皎洁为怀月在心。

爱上的

节日把所爱送到你面前
像飞凤歇落山中
天地的怀抱中有拥我入枕的臂弯

将一茎清荷轻呵为珍宝
往事青涩，复到眼前已是熟透

天色暗下来，意绪也随之苍茫
路上灯火次第亮起，又隐匿
一切在到来，又在远去

而时光的盒子中有我们
爱上的四合山色

谁在我梦里敲玻璃

嘭嘭响的玻璃
惊醒睡梦中的我
父亲站在阳台落地玻璃边
不得其门而入
瘦弱的父亲已推不开一扇进屋的门
就如曾经走南闯北的他已认不得
独自归家的路
前后出来查看的先生与我
只见玻璃门洞开着
而房间里父亲正在熟睡
是谁在我梦里敲玻璃
岁月越来越频繁地
揭露出我内心的软弱

林

宗祠里的故乡，在源古之河流传
由姓氏而溯支流于族谱，领悟
生活里的形制与家训之关联

贯穿于日常行止的仪轨
因世代绵延的承续而清晰在目
门楼前每年亮起的灯笼
以“九牧世家”的光芒，照亮祖辈的来路

一颗剔透玲珑心* 的血脉根系，铭赋于
这葆有中正坐标的姓氏，繁衍
嘉木成林的浩然之气、林下风致

出行、返乡，分离、相聚
后辈带着身体里的祖先
脚踏先贤的印迹
在世界各地萌芽展枝，当风林立

姓氏是一轮祖宗为后世悬起的月亮
以无远弗盖的皓光，福荫伸展四海的枝丫
从林中路前行的子孙，得以怀古抚今

---

* 剔透玲珑心：指林氏太始祖比干。

观省自身。比如我，耽尚
茗香濡养的素常，时时斟一盅清茶
细味人在草木间的天地澄静
于风云激荡的现世，端平一颗平常心

蝴蝶在手鼓上翻飞

——给桑眉

那是她的手，戴着绣花民族手饰
蹁跹在虚空的手鼓上
孤独的灵魂在不存在的鼓点中律动

离别的时点临近，她幽幽地说起他
轻描淡写，一切似与她无关
而豆大的泪珠颗颗如铁砸落

此后我总是不断看见
那独自翻飞，泪眼婆娑的蝴蝶
便屡屡往虚空中伸出手去，想让她歇一歇

那碎了一地的镜片与冲破的水域
已续不起一阕生死相隔的蝶恋花
放下眉间沧桑，五内郁结

请把穿着红舞鞋独舞的蝴蝶放飞

清明之眼

从山上看尘世
一片混沌，生者与逝者
共存于天地间
再生的山菊花
摇曳降世之初的洁净
攀上拜见祖宗的山坡与泥阶
清明之眼何其阔大
眼眶里含蕴着——
每个人来过，又默然以各种方式别过的世界
——这滴夺眶的泪珠

秋日的阳光

秋阳适合晾晒晦暗的事物
那些郁积的湿气
抽丝般向天上蒸发
我不时探出头去望一眼半眯着眼
在圈椅里抽烟的父亲
他微笑说：日头真好啊！
向南的阳台便一片明晃晃
而我所能做的，便是背旮后
让花盆里的烟蒂不太多也不太少

共同的童年

——给儿子

捡拾旧物
你的童年在我手里洗尽尘埃
红粉小猪蓝粉小象大熊小熊皮卡丘
它们骑着旋转木马在半空飞翔

背着M记小红包的你
在我面前摇摇晃晃
我一再忍住伸出去的手
却从不吝啬我的怀抱
铁骨柔情的小小男子汉终将长成

如今，他乡的阳光照着你
也照着这些
拭亮日子轨迹的物件
这共同的童年，温情的故乡
鸟语啁啾，天地清明

九月玫瑰

秋水浸盈的玫瑰
在夤夜的翻覆中含苞

一个孩子在这一天诞生
一个孩子在这一天老去

携带着挂杯精灵的吉贡达*
以法式的辣与醇完成从满到空的量变

不愿质变的，是时光里的蜜
她一直在等

等待月圆之后的重生
与时光之核剖开的谜底

这深处的酡红，是紧拥的爱
与微醺的甘甜

许多的爱宠着她，让她回到生命的端口
回到等待一阕摇篮曲的时光
让一曲悠扬送她睡上梦的云端

---

* 吉贡达：葡萄酒名。

早春

农家餐馆藏隐于高速路畔
陌生人在其中互问来处、互致祝福
返归素常的民俗
就像草木耽于天性
白头茅草在溪谷旁
簇拥着鹅黄新绿
而叶子褪尽的一棵棵楝树
高举着满枝小小楝子
献给晴空恣肆的蓝
万物秉持退藏与蓬勃的自性
他们各自朝向自己的极致——
绿的青葱、蓝的恢阔与白的苍茫
——丰沛
哦，这自由的寂寥之声

丰顺，种王上围

掠过时光纵深的隧道
老寨以玉璞须琢的自重
与客潮交融的厝局*
轮转于悬空的脚步里
飞檐走壁的轻功
并非用来比武
而是以蜻蜓点水的穿越
餐风饮露，修炼成摩灭斑驳的容颜
而坐拥苍茫的丰顺
怀揣玉璧
以遍地温泉洗凝脂的热忱
向来者敞开滚烫的怀抱

---

* 客潮交融的厝局：指房屋融合客家、潮汕建筑风格。

额济纳秋兴

也许你来过，也许你没来
三千年的存在，似古韵新曲
续写不息的传奇

阴山山脉环抱着鑫盛的金秋
棵棵胡杨都是前世植下的企盼
静候一朝相寻与遇见

与其慨叹夏虫不可语冰
不若敞开襟怀，拥抱天地的宏大
茫茫戈壁，自有沙棘独具情怀

大漠荒凉，挡不住你往我来
川流漫过林间
脉脉灌注与抖擞重生盎然应和
共绘自然造物的泼彩

伸向天穹的枝叶，似金箔风铃
在高洁蔚蓝之下琴瑟和鸣
春秋易度、知遇难得，灵魂的馥郁闻香相寻
千年以后，与君目遇心系，一吻倾情

时间黑洞咀嚼的碎片

看着我用洗洁水拖了一遍地
又过一遍清水
父亲退站在房门口
生怕前行会踩出个个脏脚印

被神经系统退行症状围困的父亲
拎着一双缀珠的拖鞋在我面前晃动
“你妈的鞋”
他在以自己的方式想妈妈

“我骂了她几句，她就走了”
而事实并非如此，脑中零碎的片段
被当成了现实

他反复把我带来的腐乳饼藏起又取出
“你食，这个好”
“爸，我想起你行船回来，从船舱里拖出的甘蔗”
“你食，这个好”

“爸，记得我是谁吗？”
“妹仔啊。还有……你们四兄妹。你从哪里来？”
这断续往复的一言一语
就像两个小孩牙牙学语、结结巴巴

蒙太奇

用电单车载老爸

高大的父亲缩小为后座的小朋友
不时叫着小心、注意
女儿一路喊着抓紧、坐稳

反比着慢悠悠的行速

壮年的父亲正奋力踩着人力单车
与后座的小女儿，玩
电掣风驰的游戏

水漪

从中山大道拐入
名人旧居
纵横列壁的繁多影像
絮絮陈述他人挥就的历史注脚
我更愿意从远处看
这临江而立的杏黄身影
坐落在汉口的左肩
宛如端秀的她尚在历史之外
离开这对于一个独居女人来说
过于辽阔的楼房
想着她一生的高蹈
与未曾公开的晚年意愿
都如水漪，付诸烟波江流
江山代代，虽新犹旧
我在过江轮渡上疲惫睡去
一头枕落在爱人右肩

岁月之怀

雨水与元宵执手相看
花灯照见春天的脚步

寂静中的小路
犹如岁月深厚的怀抱

多少年了，两个人再次
搀扶着在雨夜中共用一把伞

谁都不在乎雨
落在自己一侧的肩膀上

雨又再次打在阳台的飘蓬上
我在键盘上数着岁月的珍珠

诗人

上午暖阳下午冷雨
一日间四季轮经
就像命运带来的气候
你承受着无尽悲喜带来的
心灵撞击
百味交集地深爱着
这无力把控与拯救的尘世
每天，给自己制造一缕光，仿佛
能挺起笔直荷茎，把自己拔出
周围的泥潭

纪录

没能给张开双臂的婴儿一个隔离的怀抱
没能给骤失亲人的孤儿要回一个五口之家
没能给追着殡葬车哭唤的女儿唤回妈妈
没能给说真话的李医生以应有的增援
没能给无可告求的患者一张病床
没能给身疲心惫的医护减轻重负

……这些凄切纪录并非虚构的影片

对着太多的无能为力，我们早早歇息
从来一上床便两耳不闻窗外事的他
轻轻问了一声：下雨了吗
我说：下了，很大。侧身拥住了身边的人
我为自己的手不够长而深深愧疚

掷杯

疫霾遮天的日子透进了一束光
幸存者得以谨慎地行走
许多花都开了，一簇簇
在阳台在宅区在公园在旷野
而在这个春天仓促离去的罹难者
殉难者，无花相送
唯有木棉在行道旁站成笔直队列
高举一朵朵鲜红的祭杯
致以逝者的尊严
它们掷地的钝响，震动大地与百花

鸟鸣如摇铃

世界被太阳的金扫帚刷了一遍
鸟鸣如摇铃，蛰伏的生者纷纷出笼
仿佛万物的主宰按下了复盘键
汽车又接着龙梗塞街路
有的瞅住时机左穿右插
刁钻如病毒
各种声音合成的市声
包括傻子的雀跃
在城市里交杂轰响
像从来没历经任何灾病、人祸
悲愤与死别
而每部车里都藏着封口罩面的人
如阴影里藏着险情，魔盒暂时封了印

健忘

阴雨后的阳光明亮得不真实
多么奢侈
此刻能在阳台上远眺
在窗前工作的人
几乎忘了自己
携带着一张以口罩封缄的脸
连日累月的疫战蔽日遮天
多少人还在生死之间苦苦挣扎
多少人已成微尘消逝于天地间
当决堤的命运得以修补，我们
如何以鱼缸里的自由与记性
免于永劫回归的重轭

陌生的爱

篮球带着我在铁网封闭的球场蹦跳
对面楼上有童音在高呼：
快回家，病毒太厉害，危险
不管这是不是为我而呼
我停下来，在行动与心里同时敬了一个礼
这世上还有一种爱，来自陌生人

电影《传染病》里，各国人民挣扎着
暴毙在街头、地铁、家中、医院
在威权的傲慢无知与私利中
有的成为数字，有的成为不存在
没能凭吊没能哀悼没有亲友送别与逝者的尊严

而魔幻剧般的现实，画风乱窜
电视机里正在欢歌热舞
机前的人刷着网络消息泪流满面
每个大大小小匣子里都装着自囚的困兽

庚子年春节

阒寂的街道、广场、游乐园……
天下骤归洪荒

从栖居雕屏象征福祉到沦为魔鬼
失去敬畏之心的人类
与谎话连篇的内部基因
使蝙蝠与人同为病毒的宿主与温床

雨在黑夜里为关进笼子的人不断流泪
生命的托付因为标本化与恐惧
而更沉重莫测，疾病所带来的隐喻
万物链条中一块多米诺骨牌的阴影

卑微的我没有盲目的欲望
生命凋零的残冬中，更多的事物
需要爱，为庚子年抽穗立春

礼物

我珍惜对万物的初始命名
喜欢听从幼儿园回家的儿子
描述他一天的见与闻
“老师挂一个布袋，在这、拉呀拉”
我微笑着看他比画
并不急于纠正他那叫手风琴，使他
过早被约定俗成所规训
也乐于接收他由远方的生物实验室
发来美丽的基因图
而我同样在诗中试验自我的命名
并寻回在世道上遗失的原初词语
就像母亲携着我，走在故乡的老街
一路向人介绍着，这是我家妹仔

与孩子们探讨心灵的闪电

何其有幸，能在孩子们递来的
素笺上，留下璞玉其质的赞美诗

明净无尘的笑脸，让我衷心祝福
一道心灵闪电的触感，由此开启

把过去的我置于其间
接受如今互递珠笔的相视一笑

而追踪的信使，带来荡漾回响
不经意间，我已收获

在阳山，柚木结满沉沉柚子
冬青树高举红红果枝

早安

岁月的法令纹深藏疫中霜寒
而我的意愿并非传导某些痛苦

我更乐意进入阳山最深处
这澄明的空旷田园——

万物自在摇曳，河水在村屋旁
俯近水面的树枝下浩浩缓流
晨光的麦羹，点头的稻穗

——递给你一个婴儿般
嫩美的今天

犹如石头进入水圈的靶环之心
深沉的寂静因而腾起涟漪的轻盈

早安！早安！早安！
愿你所见皆所爱，所遇都珍重

笋味

时代的体感闷热灰滞
全球气象莫测其向

让味蕾跳舞，生命力拔节的音符
来自出生地的竹笋
破土的生机扎根深处
并不在意到处外挂的红灯笼
这韧硬壳衣下，包裹着
柔软素美之芯

而身后竹林幽秀，直节虚静
时空里的安居处所，各人自行认领

野象入人境

从版纳到昆明
象群沿着我曾走过的路线浩荡而行

越境，入城，醉酒，狂欢
人群的镜像以重量级萌态被演绎

紧跟无人机尾随它们的我
拖着负重的肉身，寻找消失的逍遥

在云南，我曾到处遇见一个词：怒放
你们，是否也在寻找

牙痛记

捂着脸给母亲打电话
今日不上班吗，妈妈说
周末，牙龈肿痛，吃了药，躺睡中

放下电话，切一片生姜贴在肿胀处
妈妈的土方，像一粒特效泡腾片
疼痛一点点逸散，钻入晕睡的缝隙

电波那头，一张电话卡被忘了充值
电波这头，丢失了女儿要对妈妈说的话
今天母亲节……

仿佛动漫嘉年华

十座森林公园的碧绿
簇拥、笼荫工业城的银灰
四月的诵诗从佛灵湖飞向街道楼宇

行走在湖畔绿道的人们
仿佛进行着绿野仙踪的cosplay
共时同步于次元之幻与城中之实

追蝴蝶的孩子
与香市小学的一张张童真面孔
在草地的霁光中动画般奔涌而来

宛如我对孩子们所说的
春不曾现身
万物纷纷为之展现最美的部分

他像婴儿般睡去

扇动巨翅的天鸽，扫横琴啸港澳
遗下挟风带雨的劫后疮痍

他以扑火之心
去扑灭一场风暴的后遗症

没有权衡与表演
断树残枝的山堆是唯一的见证

那歪着脑袋在废墟中沉沉睡去
的精疲力竭。就像婴儿柔若无骨的天真

火红的制服
包裹着抱朴的赤子之心

城市凸起而洞开的伤口
仿佛被这柔软的一刻所抚慰

组装工的想法

暴风雨在天色与电信上轮番预警
我埋首组装一堆切割整齐的木块
它们正在合页、搭扣、木螺丝
与对锁的封控下，成为椅子或梯子

那欲至未至的暴风雨
加固着我耽于手工的寂静
时间滴答，这些严格规划的材料
在我手上，是否有成为他物的可能

当板块、木条与五金配件围拢成形
暴雨还未来拍门
而我看到，一只婴儿凳在手中诞生

蝉

一只蝉在这一天
栖于阳台茂密的枝叶间
你找不到它的踪影
却总在不经意间听到
它在热浪中，自证存在的吟唱
有时，独自高歌
有时对远处和歌争鸣
蝉声又一次盖过了人声
它并不知道，人们命其名为知了

第五辑

水有跌宕的宏阔，也有推磨的细碎

夏秋之交偶得

朱霞暮雨交相出，
一日风云半夏秋。
伫看高低深浅处，
岂无珠玉不胜收。

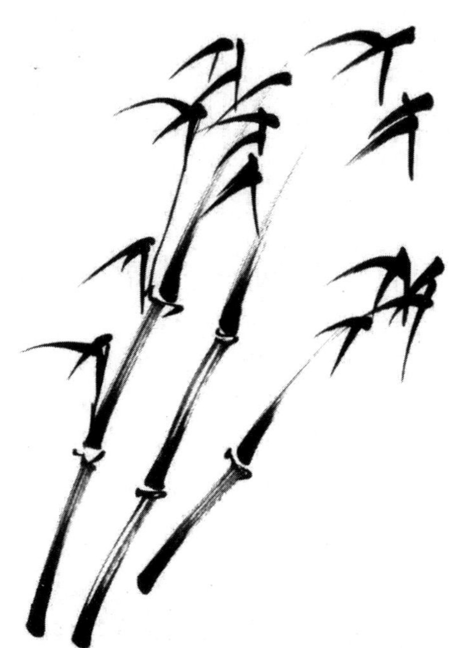

在民宿

投身于未知之境，填补刚刚被空出的位置
人们匆匆流入建筑物也匆匆流逝

而水榭中，那被嫌称入侵物种的外来物
竟开出雅静的紫蓝繁花
似乎某种生命意义构筑于虚度之上

洁癖般深具的善意，让我模拟了各种角色
对种种人生具备了既视感
我理解那掩耳盗铃的痴执之苦，理解那
抓紧稻草的迷茫

这一天，这半个夜晚
朋友们在互相陪伴、交谈与倾听中度过
为了已逝的人与虚构的灯塔
自由，并互相接纳

我坦然坐在民居中间，像其中的一枚瓦当
流水里的一块石头

小精灵

山与水十指相扣
一潭波光在深秋驻进眼底
口哨与响指紧咬舞步

打开夜的风衣，轻抚微露的半月
多么美！扶风轻踮梅桩
这尘埃之上，诗的巅峰之舞
欢啸的林涛为守林人所独拥

聚散一时的游弋者随喧嚣散去
杂迹于灯火灼灼的尘世
唯有夜行的萤火虫
晨暮之间翘首相寻的星辰
静默于此，与秋山同空寂

鼎湖山满了、空了
又分明深蕴着桂花熏染的小精灵
这些活蹦乱跳的负离子
宛如一个人被宠、被爱、被亲吻
而后慌乱地把喜悦从每一个毛孔放跑
任由它们调皮地放养于空山

而十月臂弯里的我，枕着梦的翅膀
掠过七星棋布的岩峰
流连于脉脉不语的曲径水榭

在派潭石屋

前拥水塘，后倚山脊
这里沙发舒软、灯火柔漫
适合同喜欢的人坐忘时光
抚平生活的褶皱

将身世抛于屋檐上
便可在此做一条悠游的鱼
看云朵对水镜整理衣冠
又被路过的风所裹挟而遁去

奔跑的与静处的，均有同归的一生
一个人内心的空旷
足以放下一座山绵延的孤独

坐在石阶上看天光渐敛于地平线
有人在旷野中
叫我，待我应声而起

爱丁堡的海

鸥鸟盘旋的街道深处
有高悬的大海
它可像葛饰北斋的“神奈川冲浪里”
张开浪的鹰爪
或如埃舍尔的瀑布循环倾泻
但它在风笛的悠扬中敛住自己
就像量杯里带着刻度的鸡尾酒
——这“蓝色珊瑚礁”
静静地伏在福思湾
因为浮世的倏忽，旧物的朴素
还有我暴露给你的软弱
与你所愿记下的、侘寂的一切

九州驿站

尧山之上，虚构的客栈
落脚于雾岚中的峰顶树梢
驿丞已不是古装剧里唯唯
诺诺的小吏
在水泥森林的蜗居时代
筑起一处通天雁巢
天门沟险峭处
构木而居的有巢氏
一声长“吁——”，勒住一匹
血液里奔驰九州的汗血马
一颗飘忽尘心
似树叶落在雨水打湿的栈道
成为万物间安谧光洁之一叶

在牛鱼嘴玻璃桥俯仰山水

水陆分栖的物种
共用一个象征性的嘴
昭示爱情冲破桎梏，便成为传奇

就像我们这些以诗造梦的人
借用影视的抠蓝术
在大帽山践行一次
入谷飞天，仗剑天涯的超脱

物质的伟力，使肉身得以悬停
于高空而俯瞰众山
飞瀑的原始奔泻
与万木葱茏摇曳

流云高天，一任西东
熙攘尘世藏匿的久仰深意
由清晨鸟儿的喊醒，释放出醉人酣畅

特呈岛

老船搁在白沙滩上
仿佛一个习惯了颠簸的老者
呼吸着鱼腥味的风
向海浪打听采海未归的儿孙
红碣石是最深情的压盆石
以亿万年的守候，团团簇拥滩涂上
潮涨而隐、汐退即现的盆景式红树林
它们与栈道边的木麻黄
共同守望着海岛的前世今生
军舰与巨轮在水上往来
鲜活烧烤与冒泡啤酒
为嗅觉与味觉所扫荡
人们在四合院中品香茗泡温泉
聆听远处篝火烧旺的歌声
随海风袅袅飘荡

玛珥湖

这刚烈而谧静的处子
淬火而涅槃于远古的雷州

十六万年的倥偬岁月
在海平线之下沉隐

她以火山岩层的册页
抒写了世界地质的史诗

经年累月的自我净化
持守着宝鉴玉质的圣洁与澄明

火山泥深处的通幽仙径
无人得以涉足。这款曲的秘境

唯有湖光岩的手里
握着一亲芳泽的密匙

船过海湾大桥

红嘴鸥穿梭于辽阔水域
十里军港波平浪静
眼眸的追光灯与沿海巡视舰互相检阅
我愿意追随南海舰队
在这没有围堵的秩序中久久流连
怀抱海阔天宽的蔚蓝与清澈
倾听海水一次次舔舐船舷
船过海湾大桥，太阳跃上系杆拱顶
我闭眼爬上昔日的船上卧榻
身心松泰，宛如一道斜晖
铺陈在水面，轻轻地摇荡

湛江湾的海

来自赤坎、霞山的潮汛
是一摞摞时光的信札

诉说金沙湾正张开绵长的臂弯
等待拥抱我奔赴的赤诚

霞彩云衣披在海湾的天体
似邮戳为你我见证日月迢递

而城里散步与月下听涛的人
都有一颗玲珑剔透的灵犀之心

初见与再遇均没有藩篱
就像海与城在这里咫尺毗邻

漫延在城际的海岸线
是对匆匆旅人的长情感动与挽留

这一片入梦的海，在凌晨粼粼潋滟
如星星落满水面

海蓝拥抱了天蓝

被辽阔蔚蓝引诱的旅人
把行程的路线沿海圈画

择陋室而居，饮茶杯里的渔火
只为一觉醒来推窗见海

水上浮城，水底牧渔
互为哺育的世界以水为田

海精气在空中弥漫
流云如吴带，当风于天穹

在乌礁湾，我看见海风推开天纱
海蓝拥抱了天蓝

海角小木屋

如果你不喜欢
空调定制的风
可以在小木屋的露台沐山海之风
如果不爱许大愿
你可以起小念
没有任何程序能审核
你的头脑与喜好
就像我每天在人海中逆流独行
不苟言笑，略带忧郁
似一叶孤悬的帆
偶尔题一首起风的小诗。而今夜
一艘载着小木屋的船，涉过
最辽阔的水，来月光下渡我

在野

在陆河，梅林没有边缘
就像季节没有起跑线
旷野幽壑孕蕴待嗅的青梅
细嗅的女子，不再和羞走
而是驭铁马而来
于丛中放养自在
竹马，任寂寥浸染骨与朵
将青梅时光贮存
自有清馥溢出襟怀，高映
檐角明月
当一月的北风正给万物
加扣冰帽
山寺下的清癯虬枝已献出
玉肌雪蕾，遍野堆绣聚云
我以在野的先觉听见春风的偈语

谒屈子祠

突然而降的冻雨
仿佛为了对应屈大夫
身处其时的凛冽
思美人兮君独醒，舍浊世兮赴清波
我在撞钟声中敬一炷香
擎起一棵久蕴于怀的香草

而这耸立于祠前的银杏
落叶如蝶翅纷纷
从高处下行，于湿地的阴冷中
燃起金色的火焰
宛如自沉于历史深处的君子
在时光的水域冉冉上浮

长乐抬阁故事

一脸稚气的孩子
扮着被抬举的角色
长者在上市街口执守旧时的仪轨
威风八面的大锣鼓
伴奏着各个朝代的故事
于街头巷尾流传

孩子要足够幼小
才能自在地顾盼于云端
长者要足够年迈持重
才担得起一袭长衫的披挂与执礼

作为过客，我在上市街边
喝完一碗甜酒
一个个朝代已浩浩荡荡
穿过回龙门
隐入寻常百姓家
唯有礼乐的锵锵依旧在大地上回荡

皮影之雾

在岳阳楼上观洞庭
烟波漫弥天色，江面的来往船只
仿佛皮影戏的装置
被雾之薄幕遮隔并显影

江山美人、君臣父子
田头哲学、新村别墅与耕读样板
在瞭家山龙塘大屋
演绎变迁风云与民生百态
我在屈原的楚地穿越行走
于洞庭湖畔上下求索
像古老的橘树所嫁接的新枝

当我收拾起行囊
时间的隧洞，已把恍惚的我
遗落在岳阳门的某一级台阶上
犹如收拾不起的万古愁

朝饮夕餐

朝饮兰茗，夕餐初雪
此行的起点与终点
落在这个餐馆的牌匾上
尘世茫茫，许多人找不到彼此
或来不及相见
一个从榕江到珠江
再到汨罗江的溯流之人
深谙屈子伫立于天问坛的孤独
离别的怀抱有八百里洞庭的空旷
雪在此刻落下来
落在屈子园凝噎的水面

一棵独立于村口的白棉

白棉树依旧结着往日的累累红籽
归来的旧客熟知其可剥皮取根
宜入茶入药的品性
而远来的新客
围着它高擎的串串糖葫芦
跳起马蒂斯之圆舞
一脚蹚进童真河里的欢歌笑语
在古村里荡漾
仿佛不远处的登云书院
再次传来万山围住的琅琅书声

过贤令山风雨桥

以直节的秤架与准星
掂量风雨桥上的行止与轻重

贤者辽阔的心灵，不囿于
一时一事的困顿与羁绊

入连州下阳山
官帽挂于民居的镬耳楼

把每一处僻远之乡
垦拓为鸢飞鱼跃的自在飞地

脚印踏出的坚实天下
江湖即为宽广庙堂

越过漫长的朝代风云
夜氤中，君子暗香如桂如兰

沁绕于寻踪人的肺腑心地
我深深地吸纳着

一为桂馥，一为兰芳

在悦城

在龙母故乡，群山的怀抱
有母性的葱茏

泽水，杨柳水，西江水，悦城河
四水归堂于尊前
臂弯里育成的潜龙，腾起于身后的五峰

慈悲的宽厚恩荫
溢出岭南，泽被四海
民间香火所擎起的神祇，正是德性的化身

龙行天下，祖庙根深
五月的龙母诞归客如云
山环水合的母性如岁月涵玉，温润了人间

每一位母亲，都是龙脉的故乡
每一条龙，都是人格的升腾

金林水乡

在官圩镇，无人菜圩
具有诗性的自由
予取予给的天然交易
先行于智能化超市的未来设想
朴素的仁义与踏实
自有穿越时空的智慧
正如熟谙古法造纸术的古稀老人
在四江汇流之地，以日复一日的劳作
传承“打浆”工艺的自主改良
物质与非物质，均是满目
绿油油的时蔬
供奉于乡间的起居饮食中
细味处，日子盎然溢出
砂糖橘的甘甜

德庆的声响

1

编钟重新奏响敲击乐
古老的学宫，再次传来源于古昔
应时自新的诵书声

站在泮桥，旧时倒影于泮池中浮现
那个少年时穿过进贤门
在学宫仰望浩瀚的我

越过平行空间，成为大成殿檐上的陶塑
在诗书声里逢新朋遇旧雨
蓄纳书卷与天地间寂寥的浩然

2

瀑布群在盘龙峡上演凤翥龙翔
水分子氧离子扑面绕脖
唤起你囿于都市中久违的激灵

水车王国的一百零二架车盘，宛若
时间的齿轮，咬合着日月的轮回
水有跌宕的宏阔，也有推磨的细碎

在平淡日子里，切换一支激越的弗拉明戈

烽烟岁月中，退守水车边的清响
于命运的水口，握紧生死契阔的十指相扣

3
在这里，你将看见
色彩的极致随处泼染

天空铺展出克莱因蓝
薰衣花海捧起连天香芋紫
竹篙粉悬挂如绸的稻米白
兰花广场的奇卉，绽放着斑斓色系
四十二座水库怀抱翡翠的碧绿

在德庆，多彩是万物的交响
每一种声响
都唱和着母亲们晒秋的金黄

惊鸿一瞥

直升机在澳门具有
任务之外的诗意
人们携亲揽友飞临高空
俯瞰，港珠澳大桥一如书钉
咬合起大地的册页
城市与山水在清风拂书中展开
随之敞开的，是十年的契阔
我们从斜坡街道转入澳门大学
关于作家和文学，关于跨身份
跨文化时代的对话
已化入时间之隙
那时行走于街头的诗人
曾轻抚他们的海风与仁慈堂婆仔屋里
错落的中西诗句
犹如惊鸿显迹于水舞之长亭
而天地一水间，伊持守着澄澈
对沉浮世相的萃美

平远，许你一次凌空飞翔

处身于山水间
无限接近的万物之律动
在星毛冠盖藤与竹柏间伸展
交融于白垩纪的洪荒与丹霞岩之奇瑰

梅林夹道、雨露滴阶
湿润的林气洗却尘世的灰霾
凌空的玻璃栈道
许你一次现实主义的飞翔
与通体轻盈的着陆

绝壁里的兰草，深谷旁的相思树
五指通天，上举浪漫主义的缱绻
九月，平远递来的一卷信札
随着手心里的红豆滚动展开
召唤着你去而又来

世界的澳角

地球的巨型海碗，盛着世上
最动荡与最宁静的水

飓风中扑向虎豹礁的浪爪
民宿脚下泊满渔船的水摇篮
在天地之间共处。就像东海湾
与南海湾在澳角村毗邻

讨海人在出海与归澳中
走读着大地低处的力量与奥义
小渔村与欧美大世界
在海产工人手中接轨

大肉山上的风力电能阵
是澳角握在手上的小风车
点点渔火在后海湾水面忽闪

这水面上的星星
照见澳角人见惯风浪的平静

风动石

就像我无预兆地现身于澳角
用心眼广角镜收纳海天云霞
一块石头因怀抱诗心
而跃出海面
矢志刻录一座海岛
撒网，放竹排，布网箱的迭代史
与渔民讨生活的风云录
当海上钢琴师奏响铿锵进行曲
疾风推腰撼腿，踮起脚尖的巨石
身动，神不乱
这出落于海天之间的不倒翁
大海钦点的史官
屹立为东山石敢当

在仙坑村

越过女儿墙的眼界，拥有旧物的新生
翻耕机犁出大地的经纬
人们得以放下祖辈出苦力的担子
在田野里坐闻机器收割后的稻茬香

四角楼八角楼在时间的纵深里屹立
铺陈的睡莲与水下密布的水草、微生物
在闭环与敞开中
予半月风水池以生态的再生

重建的乡愁携来寻根访故的脚步
濂溪河流经的土地，灌满
高低跌宕的客家歌谣。那汇入东江的水
带着东源所有亲人咸咸甜甜的味道

在万绿湖

水的深处根植万绿之源
万木蓊郁环拥一脉相承的澄澈
不时，有风云
啸掠过三百七十平方公里的湖面
船头与船尾各有风景
波平湖阔与风卷浪涌往往首尾相随
你必须识别不明动力掀起的漩涡
在僻静处饲鱼养虾，于沟壑中
撒播种子，默默深耕未来的源源葱翠

再生稻

稻米清香源于沃土的孕育
历经汗水浇灌，先辈优培的食粮
堪可掬粒念恩

稻浪连波，玉粒在秋实的黄金摇篮中饱满
沉垂的稻穗，宛如母亲
向怀中幼儿弯着柔情之躯
许以稻米之乡的温饱与富顺的祈福

知味惜食的中年，更懂得
在季节的更迭中静守
根脉的再次分蘖、抽穗与灌浆
衍生增产的抱荪谷，生息仓满甑盈的丰年

附录

寂静的与沸腾的

艾云

记得多年前我就对林馥娜说过，你就安静地写，写出自己的感受与风格。馥娜是个安静的人，她不喧哗、不浮躁，自己写诗，也为别人写着评论。阅读她的诗我觉得她有极强的对日常生活的捕捉能力，也有呈现和描述的能力。“诗者的织物”，织的是什么？经与纬的交缠，织出天地万物美轮美奂的景致。她的诗是及物的。及物其实很不容易做到，这要从生命的细节，写出命运的深度；从个体经验出发写出普遍性认识。诗集《我带着辽阔的悲喜》语言内敛、情感沉稳，与她安静恬淡节制的气质比较吻合。她的诗是及物的，水、雨、雪、玻璃、盘碗、春天、石榴、椅子可以入诗；沉默、轰炸、落日、时间、胡杨、岁末、故乡、宗祠、医院都可以入诗，在具象与抽象之间，她自由穿行。她是一个织者，正如她在《织物》一诗所写的“我用诗之线编织珀涅罗珀之织物 / 在解构与重建中接通你来临的时光隧道”。她编织着诗之语言，虽然感到不时有袭来的孤独，寂静过分也会让人有不适之感，但“孤独并不使我懊恼 / 潜于线团中的你不时探出头来”。

她的诗之及物的本质在于，总能从物本身延伸出更加有意味的东西。比如她写水，会写到塞纳河的水，年轻的修女在石砌的河堤边；而威尼斯的水，则在阵阵拍岸中，随着维瓦尔第的四季协奏曲漫延而来；她写如此现代的高铁，也会联想到漫长黑暗的轨道，急驰而来的火车承载着安娜·卡列尼娜的欲望与悲怆，而我要从身体里擎出一只油纸灯笼。这是在招魂，还是在照亮？意象耐人咀嚼，已超出物本身，带有知识的、情感的、命运的恢宏背景。

我仍然还要提到林馥娜写到的“珀涅罗珀的织物”这句，为此，我特意查了些资料。这是荷马史诗《奥德赛》中一个著名的故事。勇士奥德修斯远征特洛伊十年，所有的人都认为他已葬身大海，唯珀涅罗珀相信丈夫可以归来。她在寂静中等待。门外有100多名求婚者，她说等她织一匹做衣服的布料后，才可以考虑再嫁之事。珀涅罗珀开始制作，她白天织，晚上拆，布料怎么也织不完。在某一天，她终于等到丈夫奥德修斯回家。“珀涅罗珀的织物”意思是永远做不完的工作。

这仿佛是林馥娜的告解，在诗歌的路上，她将努力工作，不会停歇，这事永远也做不完。

做到什么时候为止？日光流年，人会渐渐苍老。

当我读到《当她老了》这首诗时，心里咯噔了一下。我深为她的用词打动，她说一生中的角色，已在八卦村过片。她做过女人，在匍匐与扬鞭中翻筋斗；她做过母亲，在土地上耕耘。无论做女人的僭越与担待，还是做母亲的隐忍与艰辛，当一切“成为门槛上一道风景的时候／过去与未来就隔着一条石槛”。门槛与石槛是不一样的，门槛意味着生之劳碌，石槛意味着逝之超脱。当她老了，“性别与身世已无关紧要”。当她老了，自然会皈依一处静地。“当肉体躺倒／竖着便是主，横着乃为禅”。读这样的诗句，让我的心久久不能平静。

在林馥娜的这个年纪，还不是谈衰老的时候，但她预演着。她谈女人的时间，是欲以挣脱时间的深渊。她不是一种女性主义的言说，而是对人类命运的领悟。关于命运，女人有时可能会比男人体会得更敏感、更细腻，也更体贴。男人易于将目光投向外部事物而遗忘自身。女人言说自己的时间，那是关于造次、僭越和跨界的想入非非，以及远离的筹划。我更加不会在乎他者的目光，我已经身世模糊，性别淡然，对这个世界已无所馈赠。我不再对这个世界馈赠鲜妍欲滴的花瓣；我只是悄悄活着，努力工作，编织手中遮风御寒的实用之物。

寂静之中，我仍然能够听到林馥娜内在的沸腾。在《我的天涯》一诗中，她描述了一个安静的人，总是用“瘦小的脚在沙里轻提慢放”。即使如此小心翼翼，她仍然“需要一个天涯／用来放逐自己，用来收藏无法言说的流光”。流浪、放逐，危险的跋涉，在《清明》这首短诗中更加具有力度沉着的表达。清明时节，本该是对往逝者的凭吊与祭祀，却是“撇开经年的悲怆／让爱堵住疯长的墓草”。墓地凄凄，有菊花台、白烛泪、英雄魂、故人影，这些阴郁黯淡的影像，推远了吧。知道人总是要死的，都要归于一抔土，一缕烟，一飞尘。在死亡到来之前，“约好在清明节，我们好好做一场爱／从早上到中午，再从中午到晚上”。这是与死亡的赛跑，肉身覆盖肉身，这是第一等血的智慧，是原初的真理。为了证明活过，“不给凄风留下一丝缝隙／不给苦雨疏漏半点空间”。林馥娜在这首诗中，以罕见的大胆率性，发布着生命个体不可辜负的宣言。面对只有一次的火旺葱茏的生命，快遂驰过的生命，无论她有怎样不合礼法的表情与姿态，只要她是经过认知与感受的，是热爱和祈祷的，她就是美的，是被上帝所允准的。

因为懂得，所以慈悲；因为寂静，才有沸腾。

林馥娜外观柔婉，却是内在力度持守。她安静而有恒地书写。写诗与写评论兼顾。她是个双栖书写者。写诗，让她有一种实操经验，在评说他者时更知冷暖，知轻重；写评论，是一种责任，对于他者的精神劳动给予充分的理解、诠释和尊重。她用她的目光打量着人与物，天与地。写作，同时是在读自己，把自己当成一本书来读。但自己这本书，人生得多丰富，灵魂得多有趣，才值得由己推人地读下去。他者，往往是我无法追慕的，正因此，我贴着他们的皮肤、骨骼与呼吸，读他们读自己。我十分敬佩林馥娜写评论的勇气，这得看很多作品，还要有总结、抽象与命名能力。我过去曾经写过评论，感觉太累，转而写散文了。林馥娜的诗歌，语言蕴藉雅致，深藏锦绣；她的评论，缜密沉着，挖掘内核。她是美好语言的创造者，是思想爝火的守护者。她是站在山岗，时而羞涩，时而放纵的歌者，她的内敛与旷达，优美与奔放，有着鲜明的个人风格，那正是，“带着无所不在的束缚与自由”，寻找趔趄中的均衡之美。

这正是一种难能可贵的南方书写与南方经验。

我来南方，具体说来广州已经快30年了。我一直在想这个问题。相比较而言，五岭之外的广东，确实不在权力的中心，而处在权力的边缘。在权力中心的北方，可能会有很多的机会，更容易被关注，被推举到耀眼的地方；而在边缘的地方，必须得有作为失败者的思想准备。我们早已不会汲汲于我要出名，我要成功，我要被很多人评论和捧场的虚妄。我写作只是为了表达我自己，是为了在我的极度荒凉之时，在挨不过去的那个时辰，借助写作，让我挨过去。

关于南方与北方，我还想从空间形态稍微展

开一些。无论南方与北方，大致说的是一种社会形态，这里又有庙堂、江湖、乡野、民间之区分。南方可能正是与庙堂远一些，与乡野接壤，与江湖有所距离。江湖实际上又是一个人心中自由自在的乌托邦，是金庸笔下的幻觉出来的一个自在人生之处。其实人生从来难有绝对自在，所以，关于江湖，那只能是个传说。南方广东，更靠近民间。它的民间有商贾贸易的传统，有市场经济中互相商量而非绝对命令的传统，它一般来说是经验、通达的，也是平和的。它认为喧哗是不必要的。林馥娜，以及我们在这里生活经年的人，似乎深受这种气象之熏炙。

对于林馥娜来说，她写了这么多东西，写了这么多年，大家今天聚到这里召开研讨会[1]，她没想让大家去夸赞，而是想让大家帮她把把脉，为了今后写得更好。说到把脉，我想说的是，不一定是把脉，而是对自己提个醒。我们写到一定时候，再去追求语言技巧，常觉理屈词穷。这个时候，需要思想性的东西支撑。看林馥娜的文字，感觉她在安全与危险之间一直冲撞。安全，妥帖，是过日子的状态，是伦理日常；但写作需要一种危险性力量，这种危险性力量在哪里，不知道，这要你寻找，承受并表达。法国的杜拉斯与波伏娃，在忠诚与暧昧间的左突右撞中，给他人留下了一些文字。同样也是法国的尤瑟纳尔，则更看重历史性叙事。她认为，历史是领悟自由的学堂。

我现在更看重历史性叙事的东西，当然也愿意并尽可能去领会人类情感、欲望、命运弯弯曲曲的复杂性。葆有人类的这种思考的复杂性，也就是丰富性，实际是在替作为灵长类动物的人类保持一种体面与尊严。人太浅薄，自尊与光荣会大打折扣。随着年龄的增长，我们可能有意无意地将危险性力量推远，但不能将复杂性、丰富性推远。这个问题，我们接下来可以有更多交流。

言短意长，难以达臻表达的全部。祝福馥娜今后可以写出更漂亮的文字。

艾云，河南开封人，当代散文家，文学评论家。

注释

[1] 2019年11月24日，由广东省作家协会主办的“诗者的织物——林馥娜作品研讨会”在岭南文学空间召开，来自各高校的专家教授及诗人作家20多人参加了研讨。《广东文坛》于11月29日推出《林馥娜：文学追寻的是人的存在价值》评论专版及研讨会召开报道。

带一把可变的钥匙：林馥娜诗歌小论

杨汤琛

无疑，有的诗人一出场就已至巅峰，此后一生的写作都不过是开端的重复抑或主题音域的有限扩张，譬如仿佛被上天亲吻过笔尖的年轻的兰波，十八岁就写出了《果戈里》的特朗斯特罗姆，他们从一开始就一锤定音，找到了那根命定之弦。而有的诗人则一直跋涉于自我怀疑、自我淬炼的漫漫长途，如不断寻求一把可变的诗歌钥匙的策兰，确立了鲜明的晚期风格的艾略特。诗神的恩宠固然让人狂喜，但坚韧的寻找、不懈的淬炼在持续迸发主体创造性的同时，也能带来因风格变换而出现的惊喜，可谓山一程，水一程，更多的诗歌风景得以从有限的生命内部闪现。

在我看来，林馥娜一直在变换手中的诗歌钥匙，行走于寻找的变换之途。十几年前，她以林雨的自我命名书写当代的古典诗，并小有声名，很快，她感到精致如瓮的古诗词已无法容纳面目全非、复杂破碎的现代语境，转而开始了更具冒险性的现代诗创作。承接传统的余绪，她早期的现代诗好优雅之风，弥漫着浓郁的古典气息，仍未从古诗词的书写身份中自我剥离，因而偏择雅词，热衷化用诗词典故，如“江天印月，在明与暗之间惘然”

（《立秋》），“梅馥、雪羽从其中纷扬而出 / 骄阳在楼那边慢慢落下 / 母亲此刻应也如是 / 在无边的磨蚀中拎出羽化的部分”（《突然爱上各式各样的盘碗》）。其古雅、矜持的书写形态与诸多当代诗歌有着隐隐分野，也让其诗作保持了动人的优雅。然而，林馥娜并不满足于这优容、舒坦的言说方式，惯性的书写固然安全方便，但因袭的力量很可能成为笼罩作者的无形之笼，让其在日益晦暗的封闭之中失去新鲜的力量，显然，馥娜从未懈怠，她一直有渴求，渴望寻找契合自我精神质地的言说方式，要穿透那“无言的雪”，聚拢属于自己的词语雪球。

一

对于诗作的自我变化，帕斯捷尔纳克有着明晰的意识，“一个人必须活下去并不停写作，在生活所提供的新储备的帮助下。我厌倦了不惜代价忠实于一个观念。我们的生活一直在变，因此我相信一个人要变换角度——至少每十年一次”。[1]生活的动荡变迁需要一名忠实的作者随之发生改变，对于始终凝视这现实的林馥娜而言，她也一直警惕地保持着自身的蜕变，这种变化首先是形式的自我突破与拆解，以往华美流丽的语言表层被刻意打破了，平滑的雅词被执拗、携带反讽意义的词句所替代，诗作由此生成了坚硬的现代骨骼。

没有任何附加意义 / 时间白白地淌着，在医院／嘈杂急切的人群在其中落叶随波／住院部的病房塞进了多于床位的病人／有人默默地等待诞下一小块提前处决的生命／有人切去赘生或变异组织／所有的生命如呈屠场／看得见与看不见的搁置与宰割/在各处进行（《这里的人怀疾病如怀婴儿》）

上述诗句有着石头般沉重与晦暗的特质，句子因凹凸不平的词语链接而变得多节、滞重，“没有意义”被扩充为“没有任何附加意义”，延长的限定中“意义”被加深加宽，而“住院部的病房塞进了多于床位的病人”也是故意的延宕，“多于床位”的词语节状体在生成客观性的同时也加强了现实素描的内在力量；同样，“等待诞下”与“提前处决”的“生命”以荒诞、自我悖谬式的相互限制、相互反对，于词语间掀起了骇浪。总之，这首诗击碎了光滑的词语表层，制造了诸多具有延宕性、毛躁的语言节状体，附加于词语内部的情绪被刻意消除了，疾病成为一种客观的病理组织被切割被审视，与之构成对应，一股从诗作内部升起的黑暗而冰凉的气息震动了周边的空气。

林馥娜开始了一系列的变声，上述喑哑的、执拗的低音撕裂了柔美的和声，与此同时，反讽、谐谑而尖锐的声调也常常响起，晚近的《数据、病毒与枪》以戏剧化的书写，让我仿佛看到了奥登那张嘲讽的脸。

统与计是最便于掌控的工具／有些标的在数字

之内成为不起眼的1／有些被带着检测规制的筛子四舍五入漏去／统的力度与计的收放/被病毒与机器大手反复拿捏／直至每个人交出了生命轨迹与数据／有的是0，有的是78，仿佛命运随机摇号／疫控一如古老战事，冲锋兵在前陷阵／关隘的当关一夫抓起枪／指着来人的额头说：36.1／就像雄赳赳地喊出——缴枪不杀(《数据、病毒与枪》)

统计作为工具给予人类以便捷的同时，也简化了生命，抹平了裂缝，掩蔽了丰富、活泼的个体，其中存在的悖论与荒谬非身处其中者难以领略此诗的意味。有意思的是，这首诗的音调干脆、利落，回响着重金属的枯燥气息，有意模仿了数据时代公共话语的言说方式，语言表层与个体感受的荒谬性之间发生了相互撕扯的张力，冷峭里处处闪烁反讽的锋芒。

林馥娜的诗歌一直迁流变化，呈现多变的形态，这固然表明了她的诗学风格并未完成，还一直在追寻的路上，也证明了她有不受羁绊的强大活力，这股力量既会推动她进行上述面目全非的诗学实验，也会促使她对曾经拥有的古典风格反躬自问、重新审视。在《清明》《山居冬晓》等诗作中，我发现林馥娜正自觉往这一方向努力，它们以延长、变形、加深加宽的方式朝古人致敬，雅词抑或古文作为诗歌表层在诗人高强度控制下发生了巨大的变形，《清明》一诗铺陈了凄风苦雨、墓草与菊花台，但这些传统的、惯习的清明象征物被赤裸的、存在主义式的“做爱”给勇猛地颠覆了，生命的激烈交媾成为对死亡、惯习的一次有力抗击，这俨然是现代个体对于传统的故意挑衅，但有意味的是，这一激烈的挑衅需要大量借助古典意象，清明作为一个巨大的历史象征物为存在的“做爱”构成了不可或缺的背景。而《山居冬晓》颇具王维诗作的风雅，但言说内容与言说的古典形态之间并不和谐，山光云影间出现“夜里的诵诗”，休憩之地徘徊着“游走于此岸与彼岸”的寻梦人，读者无法依赖惯性来进入诗意的迷醉之境，王维式清雅、闲适的古典趣味被有力地破除了，一个痛苦而迷惘的现代个体浮现出来，古雅的诗歌发生了不可抑止的、旁逸斜出的冲动，古典的语言表层和诗歌的场域形成了不谐和的张力，并流溢出一种陌生的或可称为现代的力量。

在我看来，多年古典诗词的熏习已化为林馥娜生命宝贵的一部分，亦足以为其诗学风格的最终确立提供持续的能量，变化的关键不是弃旧图新，而是如何朝向传统之渊进行历史的汲取，如何让传统成为诗歌有机体的一部分，毕竟，现代与传统并非天敌，美国意象主义运动就大量汲取了中国唐诗的精髓；移居海外的北岛在多年激进的诗学实验后也转向了对于传统的反思：“这些年在海外对传统的确有了新的领悟。传统就像血缘的召唤一样，是你在人生的某一刻才会突然领悟到的。传统的博大精深与个人的势单力薄，就像大海与孤帆一样，只有懂得风向的帆才能远行。而问题在于传统就像风的形成那样复杂，往往是可望而不可即，可感不可知的。”[2]因此，如何把握古典之帆的风向，如何在打破古典之瓮后寻到其源头的力量，如何承续固有的诗学优势并加以变革、调控，是林馥娜以及当代诗人均值得去探索的路径。

二

言说的改变除了在技术层面不断自我反思、勇于实验外，自然离不开忠于现实的诚实，这俨然是一个破碎、复杂、多变的现代世界，它的庞杂性与丰富性需要相应的复合型诗作来加以记录与揭示，林馥娜是诚实的，她没有掉转身遁入安全、优雅的幻觉城堡，而是以喑哑、沉重不乏愤激的声音讲述某些被遗忘的时代记忆，“用一颗五分钱的子弹／将自己嵌入历史的星空”，具有格言的力量，以其强大的暗示辐射了一段尘封的历史；钉子“在雷锋那里／它是榜样的近义词／在拆迁户那里／它是刁民的同义词”，有关钉子的高强度的隐喻激活了历史与时代现实之间的情境关联；自2019年末迄今，林馥娜创作了数十篇有关疫情的诗作，《纪录》《数据、病毒与枪》《健忘》等诗作直视时代的深渊，担负起了见证的责任。《纪录》开首是六行汹涌而出的“没能”式样的排比句，它们从压抑的冰层下挣脱，直接将你卷入疫情现场：隔离的婴儿、无可告求的患者，悲伤的面影迅速闪现，这些诗句直接、粗粝，未加修饰，却有着粗暴的感性，挟带了不容置疑的力量，特别是，记录者并不置身事外，她悲愤于自身的“无能为力”，“早早歇息”，愧疚“自己的手不够长”，真诚地揭示出自己面对现实的挫败与内心困境。在一个崇尚轻逸的消费时代，在精致的利己主义四处飘荡的空间，林馥娜选择了“头朝下”的书写伦理，始终保持了向历史与存在发问的姿态，这让她超越了当下日常化、散步化的书写潮流，赋予诗歌以宝贵的重量。

如果说对于历史的凝视、时代生存处境的记录给林馥娜诗歌带来了诗歌的伦理之重，那么，对于存在本质的探求与沉重的思辨性则让她的诗作有了相应的密度与硬度，因此，在林馥娜诸多诗作中，世间万物往往是她阐释本质、进行形而上思考的支点。

在琳达与教堂之间/隔着青青的芳草与一排排/宛如巨人脚印的墓碑//孩童们在墓地与草毯里/追逐、翻滚//走马的世象与不变的轮回/在此地浮现原始的镜像（《大地是万物的家园》）

教堂、芳草、墓碑、儿童，生命的欢欣与死亡的哀悼被并置为一幅充满张力的图景，但是，诗人没有顺势进行情感的释放，而是突然陷入了哲性的沉思，并对上述场景进行了本质化的论述，这一书写方式可能会对诗意造成轻微的割裂感，落入概念化的泥淖，但无疑，对日常事物加以思想提纯与哲性追问并非易事，毕竟当下诗歌普遍趋于对经验世界的狂热，顺水推舟的抒情、轻灵机巧的感慨比沉重的思考总来得更轻便也更讨巧。林馥娜意欲穿透生活细节与日常叙事，对其加以本质化关照与提纯，由此，物成为理念图式下被变形的被本质化的诗之物，她写沉香，“生命的沉淀物，需要时间之水 / 浸泡陈化至无限侘寂”；写舞者，“这寂静的潜跃，是 / 浮华的人世镜面上，暗夜来临之前 / 一小块自在”；写洛神花，“美丽的事物总有实用主义的瑕疵 / 她偏凉的本性，失之药用的尽善”；林馥娜显然并不愿拘泥于现实的细节经络，不愿加入生活抒情的大合唱，她总努力将诗歌射成一颗子弹，希望穿透其表象，指向对于绝对意义的勘测，而格言化的诗句的频繁出现，更以高强度的方式显示了诗人的思辨热情，“而新闻依然是预制好模板的旧闻”“所有的沦落均微不足道 / 一切的剥夺都不着痕迹”这类高密度的句子直击世界内部的困境，坚决的言说闪烁着思辨的光芒，它们超脱于个体感情经验的特殊性，起用了诗人全部的精神力量。

坚实的、意欲超越经验世界的书写方式让林馥娜难以被归类为“女性”诗歌写作，向来有关女性诗歌的阐释，诸多论者总强调其性别所衍生的符号化形态，譬如有关女性自我迷狂的黑夜意识、软性的阴性写作抑或女权式的壮烈对抗等，当女性成为一种标签与乃至某种美学的惯习标准，诸多女性作者不自觉成为这一限制性装置的迎合者抑或反抗者，而最终沦为话语磁场的证明人，对于这一陷阱，不少女性诗人开始了自我觉醒，她们要摆脱各种甜腻腻的指认或者女权英雄主义的命名，更愿意以作为个体存在的方式来进行写作与思考。难得林馥娜在这一点上有着清明的理性，我从未见她在诗作中刻意凸显其女性身份而矫揉造作过，对于书写身份，她磊落、自然，毫无“女性”的特权意识与思想包袱，面对经验世界，她坚持追踪其精神脉象，始终保持了对形而上与生活本质的深刻渴望，“我偏好凹凸咬合的真诚／露出本质的牙印”（《水声》），或许正是因此，她成为一个具有超越性别意义的书写者。

三

这种要求“露出本质的牙印”的书写诉求最终会触及现代人的基本生存处境，不自觉转向哲学化的体验维度，有关虚无、荒谬的言说不止一次浮动于林馥娜的诗篇内部。“时间的切片布满虫洞／一个个空无的起点与终点”（《惊春—瓦上花》），“当我以近于无的水花／打出最远的里程／出来吧，与我对坐／对着虚空，我说”（《织物》），诗人对虚妄的时代的精神有着深切的体认。的确，自从尼采喊出上帝死了的口号后，现代人已无法从神祇与坚固的事物那里获得救赎，失去了幻觉的人们望见了烟消云散后艾略特笔下的荒原世界，虚无主义弥漫四处。但诗歌作为人类的一种精神活动，它在进行时代现象学描述的同时，还必然有所行动，真诚的诗人更应该有着抵抗这时代病的精神载力。

对虚无的体认并没有让林馥娜陷入虚无主义的泥淖，她不嬉皮、不放纵，要“坐在空气的怀里，成为时间的果实”（《坐在虚空的怀里》），“如果轨道过于漫长黑暗／我便从身体里擎出一只油纸灯笼”（《高铁》），坚定地以行动来戳破这寒冷的现代性虚无。

尽管冰雪将化／世上一切亦终将无痕／我还是使劲／给古堡顶踩上几个白脚印／为存在与虚无献一个同等的致敬／边城阒寂/天色纯蓝欲滴／远处有老者垂钓冰窟下的鲜活（《在维堡》）

在终将无痕的天地间踩几个白脚印，较之茫茫天地，行动者是微渺而柔弱的，然而“踩”的动作凸显了人的主体性，表达了在无限虚空间自我确认的努力。这让我不禁想起鲁迅笔下朝向无物之阵举起投枪的战士，较之手握利器的勇士，林馥娜温柔而坚决，“踩”的孩子气固然闪烁着动人光芒，但其内在的坚持与抵制有着不逊色于雄性战士的韧度与力量。

林馥娜以诗歌的方式传递了朝向虚无的主体

力量，更重要的是，她的不妥协并不拘泥狭隘的反对，她期待用柔软而体恤的爱来弥合这破败世界的裂缝。

对于日益坚硬的世界与永恒的流逝／我没有应对的武器与穿越之技／惟有一颗越来越柔软的心／尝试着再次学习爱／人世辽阔，天地有大寂寞／如果你没爱过，请奉出你的爱／如果你爱过，请再次尝试／深深地——去爱（《跨年》）

对于坚硬的现实，诗人没有持戈相向，也不高蹈其上，她要用一颗柔软的心来包容人世的生机与颓败，句末对于“深深去爱”的直接呼吁让我感到震撼，精神弥散的当下，“爱”似乎是一个煽情的、高分贝的大词，它宏大而陈旧，很少有诗人愿意在诗中如此直白地提及，他们更愿意沉溺于无爱的孤独与失爱的颓废之光晕，指认解构、拆散更切合这个碎片化的时代；可林馥娜停止了这种后现代的、狂欢的舞蹈，她以古老的、甚至粗暴的音域呼唤爱的到来，一再吁请爱的绝对价值，这带有洞穿性的执着让我想起雅思贝尔斯：“人类体验到世界的恐怖和自身的软弱。他探寻根本性的问题。面对空无，他力求解放和拯救。通过在意识上认识自己的限度，他为自己树立了更高的目标。他在自我的深奥和超然存在的光辉中感受绝对。”[3]基于内心的执着，林馥娜的诗歌是有光的，她不惧于朝向深渊的俯就，或者说她有信心以自身的光辉镀亮或弥合阴阳之间的隔阂，但她所绽放的光芒不是要照彻一切的强光，而是温煦、弥散之暖光，她承认并接纳人世间的黑暗与不堪，也绝不沉沦于这暗地，她要“于尘世与神殿之间，积极地随遇而安”，“不衰老不昏聩不易辙 / 矢志奔向清明之境，旷远之乡”，矢志以自身的修为与圆满来点亮暗处的微火，以个体的德性来温暖这个四处透风的人世间，因而，她的诗歌如迢迢春水，坚硬的河床上流淌着辽阔的悲喜。

杨汤琛，教授，文学博士，广州文艺评论家协会签约评论家。

注释

[1] 转引自北岛的《帕斯捷尔纳克：热情，那灰发证人站在门口》。

[2]《北岛：传统就像血缘的召唤一样》。

[3] 雅思贝尔斯：《历史的起源与目标》。

我们如何深度凝视这个时代

——读林馥娜组诗《似一泓清水怀抱盈亏自负的皓月》

郑润良

正所谓，一个时代有一个时代的文学。所有的作家、诗人其实都在做同一件事情：通过自己的文本书写自己对时代的理解，记录自己与时代的关系。理论家阿甘本在其《何谓同时代人？》一文中指出，“真正同时代的人，真正属于其时代的人，也是那些既不与时代完全一致，也不让自己适应时代要求的人”，“成为同时代人，首先是勇气问题，因为这意味着不但要能够坚定地凝视时代的黑暗，也要能够感知黑暗中的光”。

之所以引述阿甘本的话，因为他讲到了两层意思：真正的作家是与时代保持若即若离的关系的人，他不会随波逐流于主流价值观，而是以自己的言说为时代纠偏。同时，成为这样的作家、这样的“同时代人”意味着一种勇气，因为言为心声，真正动人的作品都是作者真切价值理念、情感经验的投射，这也就意味着他必须真正在思想上、言行上、在日常生活中保持与时代之间的这种紧张关系，这对于每一个作家或诗人而言都是一种巨大的考验。

正是在这个意义上，我喜欢林馥娜的这组诗

歌，因为它清晰地表达了作者与时代的关系，在自我构建的理想空间与现实空间的张力中营造出一种微妙的诗意空间。

女性主义诗歌曾经在中国诗坛掀起一股不小的浪潮，广东“70后”女诗人林馥娜就是其中涌现的优秀代表之一。她的诗歌从细腻的女性视角出发，体察女性在时代中的精神际遇与诸多困境，进而观照更为广阔的人群与世界，并时时回访内心的深邃之处，以优美清澈的语言构建复杂多义的诗意空间，诗学理论与创作并进，成就不可小觑。诗人吉狄马加认为林馥娜在创作中“用女性的敏锐让修辞在诗中把深刻的内涵表达出来，即如是诗中的隐喻运用也非常贴切，让阅读者能在瞬间的阅读中感觉到作者所要表达的真实内容。关注现实、关注生活是林馥娜诗歌里一个沉重的主题，她的表现冷静得让人惊讶。用朴素的语言把一种沉重轻轻地掂在了每一个读者的心头。怜悯、伤痛、悲愤甚至嘲讽批判的意蕴充满了字里行间，但又表现得不露声色，像一个历尽沧桑又深藏不露的老者，正是这种镇定和冷静的叙述方式让她的文字有了质感，有了力度和强度”。著名评论家谢有顺高度评价林馥娜的诗作，“我喜欢读林馥娜的诗，因为她的诗，是把一个真实的世界给人，把人心的温暖给人。她的写作，是用一种人性钻探另一种人性，用一个灵魂把另一个灵魂卷走。进入她那简明而沉着的语词世界，你会发现，生活即便灰暗，充满渣滓，我们依然有理由对现实和未来深怀信心——这就是诗歌中人性的力量。有人说，人性是铁，诗是钢，而林馥娜正是以诗歌写作的方式，展示出了自己坚硬的生存锋芒。她的写作，并非自我装饰和无病呻吟，相反，她是在用诗歌来修补自己生命中的残缺和软弱，并以此来扩大自己的胸襟以及她对苦难世界的同情”。这些评价无疑都是恰当的。

组诗《似一泓清水怀抱盈亏自负的皓月》可以看作一组述怀诗。依照中国诗歌“诗言志”的传统，似乎一切诗歌都是“述怀”，但人们一般还是把述怀诗限定在抒发身世之感，书写诗人理想抱负、个人情感经验的诗歌作品。从屈原的“不吾知其亦已兮，苟余情其信芳”（《离骚》）到苏轼的“人有悲欢离合，月有阴晴圆缺，此事古难全”（《水调歌头》），历代诗人的述怀诗为我们留下了无数艺术精品。我们自然可以把林馥娜的这组诗歌纳入这一传统中。

语言最美的呈现是为诗人所抒写
正如木头最好的去处
乃成为一架古琴，在悠长岁月里
流传高山流水的浅唱低吟

——《山居冬晓》

在林馥娜的诗作中，我们时时可以感受到诗人对古典审美意象的心仪以及诗人与古典诗歌传统之间的内在关联。诗歌评论家一行在《诗有时：新诗与历史的经验互鉴》一书中，精辟地指出了中国新诗存在的三种"回归古典"方式：一是形式、格律和造句方式上的回归古典；二是情调上的回归古典；三是精神上的回归古典。一行认为："一般来说，'回归古典'很容易就成为对古诗词情调的直接借用——这些'古诗词的白话文版本'或偷窃古诗意境的诗作，充斥在台湾新诗和大陆八十年代中后期诗歌之中。值得注意的是，能够被直接借用或偷窃的古诗情调不外乎禅诗、晚唐诗和宋词，以及李贺这样的怪诞想象派。"显然，林馥娜对古典意象及意境的征用绝非肤浅的古典情调的偷窃，而是尝试在精神上回归古典。这种对古典的回归并非对现实的逃避，而是以一种超拔的姿态彰显时代的仓促、粗鄙与简陋之处，是阿甘本意义上的保持与时代若即若离的关系。

在《洛神花》一诗中，这种带有古典美色彩的理想主义情怀表露无遗。

她有坦露心怀的美德
无论高可摘星或匍匐低处

以娉婷枝头的洛神之雍容
敞开遍布山野的抱朴之真

林馥娜在《花的诗学》里曾经谈到诗歌中的"花语"，"梅、菊、兰、荷这些花在诗歌里是被写得最多的，她们早已形成了诗学上的意象，在古代众多诗词的共同营造下，她们被赋予了傲雪、凌霜、清幽与高洁的品格，就像一提到月亮，下意识里就想起团圆。以上这些都是通过长期的沉淀而形成的文化符号，而我们自己要创造出一种独特的意识形象，则必须使她具有不同于他人的语象。语象是每个人所赋予的、不同于他人的意识形象”。《洛神花》里的“洛神花”显然凝聚了作者独特的审美思考。洛神花在这里成了追求完美的理想主义者的象征，这一含义的赋予一方面与古典文本——曹植的《洛神赋》中完美的“洛神”形象构成了某种互文关系，“其形也，翩若惊鸿，婉若游龙。荣曜秋菊，华茂春松。髣髴兮若轻云之蔽月，飘飖兮若流风之回雪。远而望之，皎若太阳升朝霞；迫而察之，灼若芙蕖出渌波。秾纤得衷，修短合度。肩若削成，腰如约素。延颈秀项，皓质呈露”；同时，曹植《洛神赋》人神相隔不能相亲的悲剧似乎也暗示了理想主义者的现实悲剧，“于是越北沚。过南冈，纡素领，回清阳，动朱唇以徐言，陈交接之大纲。恨人神之道殊兮，怨盛年之莫当。抗罗袂以掩涕兮，泪流襟之浪浪。悼良会之永绝兮，哀一逝而异乡。无微情以效爱兮，献江南之明珰。虽潜处于太阴，长寄心于君王。忽不悟其所舍，怅神宵而蔽光”。林馥娜《洛神花》一诗的结尾可以视为一种对应。

也许，完美是一种暗藏的毒
带着理想细密的芒刺

当你剥取血红的萼片时
微微的痛和痒电流般通过指尖

以这种理想主义姿态处世、写作，必然与时代无法保持一种融洽的关系，必然处处显得不合时宜。

如果写得足够久
我就是信的编年史撰写者

独自对这个失信的世界
信誓旦旦

——《信》

不合时宜的严肃
在滑稽的世界显然可笑
宛若烟花燃放后的现场
洞开黑暗与璀璨的深不可测

——《高处的静默》

但诗人显然不愿意轻易放弃这种“高处的静默”，尽管“不合时宜”，尽管“可笑”。因为，一旦放弃精神的高地，只能向流俗投降。精神的高度代表了诗歌的高度。正如林馥娜所言，“每个人都是投进时间长河的一块石头，带着自身的抛物线与所携带的日月精华。石头是胸中块垒，也是凝精聚华的玉石，人生就是不断将块垒锻造为玉石的过程。虽然人也不可避免地将成为沉入历史长河的石头。但我们至少可以在个人视野所能及的河段范围内滤去杂质，让特定的事件本质、特定事物的精华显影于水面。然而，鉴于‘滚滚世情随棹去，一江流水旧犹新’之故，这满纸历史，也不过是‘一江流水’的那点滴无足轻重的注脚。而知卑微而不馁，以无用致有用，也是一个诗者、思者的坚韧吧。诚如宋代朱淑真的咏菊诗所言——‘宁可抱香枝上老，不随黄叶舞秋风’。故我以‘人淡如菊’的淡泊和执着生活并诗写着”。这样的书写是一种“不合时宜”的书写，一种“顽固”的书写，也是一种有坚硬质地的书写。

郑润良，厦门大学文学博士后，《中篇小说选刊》特约评论员，《神剑》《贵州民族报》、博客中国专栏评论家，中国文艺评论家协会会员。

没有什么能阻止一个灵魂变得有趣

丁林

我没有机会认识孩童时期的林馥娜。如果有，我觉得我很难和这么无聊的人成为朋友。我所知道的她，是个像海里的海绵一样的人。对于外在的事物，不经意地触碰一下就够了。剩下的时间都沉迷在自己的小世界里——一本书捧起来就是一天，隔三岔五在微信里晒一下排名很高的走路步数。走了多少路，就看了多少书，美其名曰锻炼看书两不误。而生活圈子这样小的她，却写得出如此醇厚的诗。

把时间切割成切片，换句话说就是把生活的片段精致地保留下来，这个角度看来似乎过于稀疏平常，太过烦琐复杂，以至很容易就写成了流水账。而林馥娜的诗却没有因为主题的普通而变得无聊，反而是在作者细致的观察下，用巧妙的写作风格、深邃的构思和精准的用词，酿成了一种让人惊叹的阅读享受。

《通往巴伐利亚州的火车站》一诗，开头的"火车将去往童话里的城堡"，是一个容易想到的双关（迪士尼城堡的原型——新天鹅堡就坐落于巴伐利亚州）。

火车将去往童话里的城堡
湛蓝无云的天与异域幻境令人恍惚

跌进多维时空的无措者
为干燥的轻风所抚慰

阳光耀眼的明丽
拂照着站台上三三两两的疏朗

金发姑娘席地而坐
颈上的蝴蝶随着笑声展翅

紫色花摇曳于天地间，没有名字
正如我，站成此处的陌生

大部分人止步于此，作者却在第二节中更进一步，把旅行富有创意地写成“跌进多维时空”。这个“多维”指自己远离故乡来到遥远陌生的德国，就像进入了一个新的维度一样，也有越过了现实的维度，真的去到童话里旅行了的意思。把旅行称为多维的跌进，也表露出了作者对旅行的期待和欢喜之情。而对这“新的维度”的不熟悉（语言和环境的陌生），又让她有些焦虑，随之被美景抚慰了。这四句诗交代了事件和心情，也为下文做了铺垫。后面四句的描写让火车站的景色丰满了。连着的四个仄音结尾，让这段单纯的景色描写更加朗朗上口。而毫无铺垫的最后两句戛然而止的冲击力，让人回味。更深一层来看，这两句把前面的美景推到一个思考的层面上去了：紫色的花无疑是有名字的，只是作者不知道。就像作者本人，在故乡所有的一切到了此处都变成一片空白，变成了“陌生”，颇有登岳阳楼般的“宠辱偕忘”之感。这样忘我的感触，让人又回过头去沉浸在“眼前”的美色里。从天地万物再到自我认知，把一切都收于人类小小的皮囊中。这就是林馥娜的写作风格，她的诗从来都不会局限于一个维度。一首诗中会有两三层含义，而无论读者看到哪一层，都会惊叹于她的用心巧妙。哪怕在读诗之前已经熟知她的风格，读到最后也总是会有惊喜。

《当她老了》一诗是诗人去广东八卦村采风时写的，以小见大的代表作：

成为门槛上一道风景的时候
过去与未来就隔着一条石槛

一生中的角色，已在八卦村过片
也曾做梦，在天上飞翔
做母亲，在地上耕耘
做女人，在匍匐与扬鞭中翻筋斗

而今，性别与身世已无关紧要
那些鱼贯而来的男男女女
各自带着小部分的她
似浮云掠过。沉默是永恒的留白
不问归去何处

自然即皈依。当肉体躺倒

竖着便是主，横着乃为禅

第一句“成为门槛上一道风景”就给人带来了一种强烈的画面感，从这画面感中延展出去的诗，会让读者更有代入感，不知不觉地自己想象出诗中的场景。第二句中，过去与未来隔着的这条石槛正是“她”所坐着的“现在”。“过去”在屋里，是“她”拼搏而忙碌的一生；“未来”在门外，是“她”一旦跨出，就回不去的离别。这样对生命潇洒随意的描写，也代表了“她”对生命看透的豁达。借着第一节的开头，第二节如老人回忆般自然地衔接了“她”的一生（此处的八卦村是双关）：年幼时的梦想（只有这一句有“曾”），生育后的奋斗和作为女性一辈子的挣扎。“在匍匐与扬鞭中翻筋斗”一句，不仅写出了艰辛的历程，更是暗喻了女性地位的低下与抗争。在农村地区，一个碌碌无为的人是不会被“八卦”的。由此可见，“她”是一位敢为人之不敢为的人，具体做了什么事情则由读者在自行“构建”的村子中想象了。这种留白的高自由度会让每个读者都联想出最让自己感触的故事，也就和诗歌有更多的共鸣。第三节中的豁达和第一节遥相呼应。来看她的男男女女，或是她的子孙后代，而在她看来却“似浮云掠过……不问归去何处”；这也可能是暗示了“她”身体状况不好，头脑已经不清醒了。从更深一层来说，这些鱼贯而来的男男女女甚至未必是她的后代，或许是像作者一样的过客。身上这“小部分的她”不过是人类间的共性罢了。最后一节是整首诗的主题，是前面所有铺垫最终导向的山巅。当肉体躺倒，便是死亡。“主”和“禅”是中西文化中的核心，和“横竖”一起，代表了一切都随意，无所谓了的意思。这个构思也和孔子所言“六十而耳顺，七十而从心所欲”相合——年纪越大，一切看得越透，就越云淡风轻了。而除了这种直白的理解，往深处看这也可以是一个非常形象的比喻：她竖着倒在了门槛上，身体就和门槛形成了一个十字架；她横着倒在了门槛上，就和门槛合而为“一”，此即为禅。《红楼梦》中，妙玉自称“槛外人”，因此，联通未来的门槛外面，也有大彻大悟的意思。这首诗从一个老人坐在门槛上的一景，扩大开去联想到了她的生活，最后变成了作者豁达的人生态度的展现。诗中以小见大，由大及小，让人反复品味而不腻。

一尾鱼的标本，一般人看到的只是其作为标本的价值。而林馥娜却从中联想到了我们的社会，写出了《试管里的鱼》这样的警醒之作：

一尾游离于群体的鱼
被置于柱形的玻璃樽
每天在浮沉中
只能纵，不能横
唯可捭，弗可阖

"水至清则无鱼"
善意的污水里
浸泡着三百六十度无死角的围攻

被置于樽中的鱼并非自愿，诗人却称其为"游离于群体的鱼"，仿佛它是一个主动离开，主动牺牲了的个体——这不禁让我想到了基督教的救世主耶稣和日本佛教中的即身佛真如海上人。在这个狭窄的环境里，鱼只能按照樽的意愿行动。可怕的是下一句的引用"水至清则无鱼"——这句话是谁说的？是人类说的，以此为借口束缚了鱼，还是别的鱼说的，以此来安慰樽里的鱼？表面上这句话是善意的开脱，而对樽里的鱼来说，这成了最后最无力的挣扎。它被永生永世地展览在这里，供人类学习开阔眼界，也成了鱼被人类征服的象征。不管樽里的鱼是主动离开群体还是被捕，这首诗背后的含义都不言而喻。除了深邃的内涵，这首诗也和前面两首拥有着同样"锱铢必较"的文字功底。鱼的标本并不会储存在试管中。试管的大小，也容不下一尾鱼。而诗歌的标题却叫《试管里的鱼》，说明了鱼的奋斗和挣扎，不过是"试管"中的实验，甚至是游戏而已，让人心生后怕。"游离"这个词，只有用在水生动物身上才有两重含义，而两重都适用于本诗：一个是表面上的"游"着"离开"，一个是汉语常用的"无所依附，离开主体"（摘自搜狗百科）。同样的，"浮沉"也有两层含义，表面上的，标本在浸泡液中起伏，还有生活层面的，“浮生”中的起伏。纵横、捭阖（出自《鬼谷子·捭阖第一》）都是这样的用法，使得诗歌既易于理解，又富有层次和内涵。“善意的污水”衍生自“善意的谎言”，不仅斥责了前面那句“水至清则无鱼”是谎话，是伪善，还讽刺这个为了保存鱼而创造的，充满化学物质却绝对没有“污染”的环境是污水，含蓄却又锋芒毕露。

从林馥娜的诗中很难找到不必要的字，也很难找到代替诗中字的词。如此强大的文字把控力，和她对诗歌结构的搭建，诗歌内容的深度的思考一样，都是来源于她经年累月的学习。而这正是我最佩服诗人的所在。在漫长的时间里，她把自己的日子过得和时间本身一样单调，可她未曾被驯服。她成了时间的整理人，抓住时间中的一个个普通的小点谱成和时间一样一丝不苟又动听的曲子。所有的稀松平常的东西，在诗人的眼里都能展现出另一个丰富多彩的世界来。正是这种对小事情发掘展开的能力，这种把无聊的事情变得有趣的想象力，让诗人在干瘪无聊的时间中切出了有趣的切片。正如这些诗作带给我的意外一样，我无法想象隐藏在诗人这复刻般的生活中的，竟是一个这么有趣的灵魂。

丁林，“90后”“生物狗”。诗人下的蛋。